『十三五』国家重点出版物出版规划项目

长江三峡工程文物保护项目报告

戊种第十三号

三峡工程湖北文物保护纪事

李雁 编著

科学出版社

图书在版编目（CIP）数据

三峡工程湖北文物保护纪事 / 李雁编著. —北京：科学出版社，2017.6
（长江三峡工程文物保护项目报告. 戊种第十三号）
“十三五”国家重点出版物出版规划项目
ISBN 978-7-03-053714-0

Ⅰ. ①三… Ⅱ. ①李… Ⅲ. ①文物保护－概况－湖北 Ⅳ. ①K872.563

中国版本图书馆CIP数据核字（2017）第137675号

责任编辑：王光明 / 责任校对：邹慧卿
责任印制：肖 兴 / 封面设计：陈 敬

科学出版社 出版
北京东黄城根北街16号
邮政编码：100717
http://www.sciencep.com

中国科学院印刷厂 印刷
科学出版社发行 各地新华书店经销
*
2017年6月第 一 版 开本：A4（880×1230）
2017年6月第一次印刷 印张：12 1/4
字数：353 000

定价：258.00元

（如有印装质量问题，我社负责调换）

"13th Five-Year Plan" National Key Publications Publishing and Planning Project

Reports on the Cultural Relics Conservation in the Three Gorges Dam Project E(monographs) Vol. 13

Chronicle of Cultural Relics Protection of Hubei in the Three Gorges Dam Project

Li Yan

Science Press

长江三峡工程文物保护项目报告

湖北库区编委会

长江三峡工程文物保护项目报告

戊种（研究报告）第十三号

《三峡工程湖北文物保护纪事》

项目承担单位

湖北省文物局

三峡工程湖北文物保护纪事

目 录

CONTENTS

1984年

为配合长江三峡大坝的选址工程，湖北省博物馆考古研究部的专业人员在陈振裕的带领下，在长江北岸（左岸）的太平溪至伍相庙开展考古调查，并选择小溪口、上磨垴、苏家坳、覃家沱、黄土包、伍相庙等遗址进行考古发掘。

6月，湖北省博物馆承担了宜昌伍相庙遗址的发掘，领队杨权喜，发掘面积100平方米。发现大溪及商代、西周与东周文化互相叠压的地层关系，获得一批大溪文化陶器。

6月，湖北省博物馆承担了宜昌覃家沱遗址的发掘，领队王善才，发掘面积32平方米。发现周代遗存，出土陶器、兽骨、鱼骨以及少量铜器。

7月，湖北省博物馆承担了宜昌黄土包遗址的发掘，领队王善才，发掘面积40平方米。发现大溪文化遗存。此次发现弥补了大溪文化在峡江北岸的空白。

8月，湖北省博物馆承担了宜昌上磨垴遗址的发掘，领队杨权喜，发掘面积100平方米。发现房基1座，出土石器、骨器及兽骨等。

8月，湖北省博物馆承担了宜昌苏家坳遗址的发掘，领队杨权喜，发掘面积50平方米。发现商至西周遗存，出土陶器、鱼骨等。

8月，国家文物局组织吉林大学、武汉大学、南京大学等大专院校考古专业师生与四川、福建、江苏等地的文物考古专业人员，在三峡工程坝区宜昌中堡岛、秭归朝天嘴等遗址展开了一系列抢救性考古发掘工作。

三峡坝区中堡岛

9月，湖北省博物馆承担了宜昌小溪口遗址的发掘，领队杨权喜，发掘面积85平方米。发现商至西周遗存，出土石器、陶器和少量铜小件。

长江水利委员会长江流域规划办公室考古队对宜昌路家河遗址进行了发掘。

1985年

5月，湖北省博物馆承担了宜昌荞麦岭遗址的发掘，领队梁柱，发掘面积100平方米。发现新石器时代及商代遗存。

5月，湖北省博物馆承担了宜昌周家湾遗址的发掘，领队陈振裕，发掘面积30平方米。发现周代遗存。

5-6月，湖北省博物馆承担了宜昌三斗坪遗址的发掘，领队陈振裕，发掘面积240平方米。出土大溪文化的石器和陶器，以及商周时期的陶器和少量石器。

5-7月，湖北省博物馆承担了宜昌杨家嘴遗址的发掘，领队李天元，发掘面积 140 平方米。发现商代遗存，出土石器、骨角器、陶器和铜器等。

6–12 月，湖北省博物馆承担了宜昌杨家湾遗址的发掘，领队林邦存，发掘面积 570 平方米。发现新石器时代及东周遗存，出土大量陶器和石器等。

9–12 月，文化部文物局、中国历史博物馆、湖北省博物馆、宜昌博物馆、南京大学为配合三峡工程建设，对大坝施工区内十余处长江沿岸遗址进行了发掘。其中朝天嘴遗址、中堡岛遗址、杨家湾遗址的大溪文化遗存与三峡地区以外的有所不同，表现出强烈的地方性色彩。在中堡岛、下岸、朝天嘴、银街、白庙等地发现一系列新石器时代晚期至商代前后的文化遗存，也具有浓厚的地方风格。

10–12 月，南京大学承担了宜昌中堡岛遗址的发掘，领队张之恒，发掘面积 450 平方米。出土大量石器、陶器和骨器，主要包括大溪文化、屈家岭文化、湖北龙山文化、商代文化遗存。

11–12 月，湖北省博物馆承担了宜昌白庙子遗址的发掘，领队陈振裕，发掘面积 445 平方米。发现新石器时代遗存，出土大量陶器和石器，还有兽骨、鱼骨等。

1986 年

5 月，湖北省博物馆承担了宜昌杨家湾遗址的发掘，领队林邦存，发掘面积 550 平方米。发掘墓葬 48 座、灰坑 100 个，出土大量新石器时代陶器和石器。

10 月，湖北省博物馆承担了宜昌三斗坪遗址的发掘，领队杨权喜，发掘面积 275 平方米。发掘墓葬 6 座、灰坑 5 个、房基 1 座，出土大溪文化石器和陶器、商周时期陶器。

11 月 19 日，湖北省博物馆承担了宜昌小溪口遗址的发掘，领队陈振裕，发掘面积 115 平方米。清理灰坑 1 个、水沟 1 条，发现商至战国时期文化遗存，出土遗物以陶片为主，另有少量打制石片与石块。

11 月 24 日，湖北省博物馆承担了宜昌白狮湾遗址的发掘，领队陈振裕，发掘面积 200 平方米。清理墓葬 13 座，出土遗物以陶器为主。

11 月，湖北省博物馆承担了宜昌白庙子遗址的发掘，领队杨权喜，发掘面积 200 平方米。发现新石器时代末至二里头阶段的房基 2 座、灰坑 8 个、沟 1 条，东周时期灰坑 1 个，出土大量陶器和石器等。

1988 年

1 月，长江水利委员会在《三峡工程移民环境容量及安置规划》中规划淹没或影响（重要）文物 44 处，其中地面 29 处，地下 15 处，估列补偿投资 3 亿元人民币。

1989 年

3 月，湖北省文物考古研究所在湖北省博物馆考古研究部、文物保护管理部、《江汉考古》编辑部的基础上成立，由陈振裕担任第一任所长。

1992 年

国家文物局成立“三峡文物保护领导小组”，组长为国家文物局局长张德勤，常务副组长为副局长张柏，副组长为湖北省文化厅副厅长胡美洲和四川省文化厅副厅长姜明华。成员有谢辰生（国家文物局）、黄景略（中国文物研究所顾问）、黄克忠（中国文物研究所副所长）、傅连兴（故宫博物院）、郭旃（国家文物局文物一处处长）、孟宪民（国家文物局文物二处处长）、王川平（重庆市文化局副局长）、陈振裕（湖北省文物考古研究所所长）、胡昌钰（四川省文物考古研究所所长），领导小组下设办公室，主任孟宪民（兼），副主任王军（国家文物局文物二处副处长），办公室具体负责三峡文物保护工作（〔1992〕文物人字第 42 号）。

2 月，国务委员李铁映同志在国家文物局有关领导和专家陪同下赴三峡考察，对三峡文物保护工作做了重要指示，指出“三峡工程的文物保护工作要归口管理”。

4 月，国家文物局责成湖北省文化厅全权负责三峡坝区的文物保护调查和保护规划及经费报告的编制工作。为做好此项工作，湖北省文化厅组成工作专班，由湖北省文化厅副厅长胡美洲负责，工作专班由文物处孙启康、黄传懿，湖北省文物考古研究所陈振裕、彭汉东、王风竹等同志组成。

4 月，湖北省文化厅组织湖北省文物考古研究所和宜昌博物馆 20 多名文物考古工作者，在三峡坝区 18 平方千米范围内进行文物调查，发现古代遗址和古墓葬 25 处，古代建筑 3 处。依据“保护为主，抢救第一”和“重点保护，重点发掘，既有利于工程建设，又有利于文物保护”的原则，编制了《长江三峡工程坝区的文物保护规划及经费预算报告》。

4–5 月，为配合三峡工程做好文物保护工作，湖北省文化厅组织三峡坝区文物普查队，完成了三峡坝区上至秭归县茅坪，下至宜昌县黄陵庙区域内的文物普查、补查任务，复查了原调查文物点 30 处，新发现文物点 2 处。

6 月，国家文物局组织文物保护和考古专家，由孟宪民、王军陪同，对三峡工程库区文物进行了考察。参加此次考察的专家有黄景略、张忠培、严文明、乌恩、冯浩章、黄克忠、傅连兴等人。湖北省参加考察的有胡美洲、陈振裕、高应勤 3 人。在宜昌举行的专家座谈会上，专家们就如何做好三峡文物保护工作提出了重要意见。

国家文物局专家考察组座谈会

国家文物局三峡文物考察组

7月15日，湖北省文化厅正式向国家文物局提交了《湖北省文化厅关于上报〈长江三峡工程坝区范围文物保护方案及经费预算报告书〉的报告》（鄂文文物字〔1992〕第213号）。

9月7–9日，国家文物局在北京召开了三峡水库文物保护工作座谈会。参加会议的有湖北、四川、重庆地区文物部门的代表及在京的文物保护专家谢辰生、黄景略、罗哲文、俞伟超、张忠培、黄克忠、傅连兴、严文明、李伯谦等，国家文物局副局长张柏同志主持会议并讲话。张柏同志在充分肯定湖北、四川两省前段工作成绩的同时，通报了国家文物局决定成立三峡工程文物保护协调小组的决定，指出三峡文物保护协调领导小组由国家文物局、湖北、四川、重庆文物管理部门的领导及文物保护专家组成，下设三峡文物保护办公室，具体负责日常工作的组织与协调，并决定在湖北、四川分设文物保护工作站，负责保护工作的落实与实施（见《三峡水库文物保护工作座谈会纪要》［国家文物局〔92〕文物字第996号］）。

10月，根据国家文物局组织召开的专家论证会的意见，湖北省文化厅委托湖北省文物考古研究所对《长江三峡工程坝区范围文物保护方案及经费预算报告书》进行了修订，并上报了《湖北省文化厅关于修订上报〈长江三峡工程坝区范围文物保护方案及经费预算报告书〉的报告》（鄂文文物字〔1992〕第323号）。

10–11月，湖北省文物考古研究所王风竹同志被借调国家文物局，参加《长江三峡工程淹没区及迁建区文物保护大纲》编写工作。

11月26日，《三峡工程初步设计坝区征地移民安置规划》审查会在武昌召开，由于工程设计部门规划确定坝区文物保护经费计列45万元，与文物部门在文物保护方案及经费预算

湖北省文物考古研究所王风竹同志参与《长江三峡工程淹没区及迁建区文物保护大纲》编写工作

三峡坝区杨家湾老屋（维修前）

上存在很大差距，涉及文物保护的一些问题未得到解决。

12 月初，根据 11 月下旬《三峡工程初步设计坝区征地移民安置规划》审查会精神和湖北省政府副省长王汉章同志指示，长江水利委员会、湖北省文化厅、宜昌市政府、中国长江三峡工程开发总公司等单位，共同对湖北省文化厅上报的《长江三峡工程坝区范围文物保护方案及经费预算报告书》，进行现场评审。

12 月 15–16 日，国家文物局在北京召开三峡工程文物保护工作领导小组第一次会议，审查《大纲》。领导小组成员：张德勤、张柏、胡美洲、谢辰生、黄景略、黄克忠、傅连兴、陈振裕、胡昌钰、王川平、郭旃、孟宪民及领导小组办公室副主任王军参加了会议。王鲁茂、王风竹等列席会议。与会领导小组成员一致认为《大纲》基础资料翔实，指导思想明确，编制路线合理，经费匡算基本满足三峡文物保护的最低要求。

12 月 21 日，国家文物局审核同意湖北省文化厅编制的《长江三峡坝区范围文物保护方案及经费预算报告书》，并向国务院三峡工程论证领导小组及有关部门报送《关于上报〈长江三峡工程坝区范围文物保护方案及经费预算报告书〉的函》（文物文字第 1169 号）。

12 月，位于三峡坝区的杨家湾老屋被湖北省人民政府公布为湖北省第三批文物保护单位。

1993 年

3 月，宜昌博物馆承担了秭归下尾子遗址的发掘，发掘面积约 200 平方米。发现主要遗迹有灰坑和红烧土层及墓葬 3 座，出土石器、陶器、铜器、钱币等。

3–4 月，经国务院批准，由海峡两岸关系协会、国家文物局、台湾海基会和沈春池文教基

长江三峡文化资产维护考察团

金会共同发起的两岸学者共同组成的“长江三峡文化资产维护考察团”，由重庆沿江而下考察长江三峡文化遗产，并先后在宜昌和北京召开座谈会，与会领导和专家一致支持三峡工程建设，同时希望在做好三峡工程建设的同时，保护好三峡地区珍贵的历史文化遗产。

3–5 月，湖北省文物考古研究所承担了宜昌大坪遗址的发掘，领队陈振裕，发掘面积约 400 平方米。出土龙山时代遗物。

3–5 月，湖北省文物考古研究所承担了宜昌白庙遗址的发掘，领队杨权喜，发掘面积约 500 平方米。出土大量陶器和磨制石器。

3–5 月，湖北省文物考古研究所承担了宜昌三家沱遗址的发掘，领队陈振裕，发掘面积约 524 平方米。清理灰坑 7 个、残房基 1 座、窑址 1 座、墓葬 1 座，出土遗物有铁斧、铁削等生产工具，生活用具均为陶器。

3–7 月，湖北省文物考古研究所、荆州博物馆承担了宜昌杨家湾遗址的发掘，领队林邦存，发掘面积约 1850 平方米。出土遗物以陶器为主。

5 月，《湖北省文化厅关于转报省文物考古研究所对〈长江三峡工程坝区范围文物保护方案经费预算报告书〉修改意见的函》（鄂文函〔1993〕第 022 号），报送长江水利委员会、湖北省三峡移民办公室和中国长江三峡工程开发总公司。

5 月，国家文物局正式印发《长江三峡工程淹没区及迁建区文物保护大纲》（〔93〕文物文字第 689 号），并报送国务院三峡建委。《大纲》确定了三峡文物保护工作的指导思想，对三峡库区文物保护项目进行了初步梳理和价值评估，并提出了文物保护初步规划，为科学编制《长江三峡工程淹没区及迁建区文物保护规划》奠定了坚实的基础。

5–7 月，湖北省文物考古研究所承担了宜昌朱其沱遗址的发掘，领队陈振裕。出土周代遗物。

6 月 22 日，国家文物局下发《关于设立国家文物局三峡工程文物保护领导小组四川、湖北工作站的函》（〔93〕文物文字第 489 号），分别设立国家文物局三峡工程文物保护领导小组四川、湖北工作站（以下简称国家文物局三峡湖北工作站）。明确指出工作站是国家文物局三峡工程文物保护领导小组派驻两省进行三峡文物保护工作的组织与业务协调部门，具体负责三峡工程所涉及的地下文物的调查、勘探、发掘、整理和研究，地面文物的调查、测绘、保护方案的制定并组织以上工作的实施。明确工作站站长分别由两省文物考古研究所所长兼任，王鲁茂任四川工作站常务副站长；王风竹任湖北工作站常务副站长。

6月，国家文物局三峡工程文物保护领导小组完成了《大纲》的编制工作，根据湖北、四川初步调查提供的资料，确定三峡工程淹没区范围涉及四川和湖北22个市县，淹没面积约632平方千米，海拔177米以下范围内需要重点保护的文物点共828处，预估文物保护经费19.8亿元。

8月，经湖北省人民政府审查确定长江三峡坝区的文物保护经费为450万元，由省文化厅包干使用（鄂政函〔1993〕68号）。同年9月18日，中国长江三峡工程开发总公司复函，同意省政府的决定。

8月，全国政协副主席钱伟长率政协考察团考察三峡文物工作，全国政协常委、政协教育文化委员会常务副主任王济夫，国家文物局局长张德勤、副司长张柏，国家文物局专家组黄景略、罗哲文、谢辰生等有关同志参加了考察活动，全国政协教育文化委员会起草了《关于三峡文物抢救和保护问题的调查报告》，对三峡工程文物保护提出了重要意见。

全国政协副主席钱伟长率政协考察团考察三峡文物工作

8月，为配合三峡工程建设文物保护工作，国家文物局举办第七期田野考古领队培训班，调集全国各地考古骨干发掘中堡岛遗址。中国历史博物馆考古部王晓田先生担任第七期田野考古领队培训班教官。8月底，国家文物局副局长张柏、文物局考古专家组组长黄景略、文物处副处长王军，湖北省文化厅副厅长胡美洲、湖北省文物考古研究所所长陈振裕等检查培训班各项准备工作。湖北省文物考古研究所王风竹、张昌平，宜昌博物馆余秀翠、恩施州博物馆邓辉等十余名考古工作人员参加了此次培训班。

第七期田野考古领队培训班

8月，在中国长江三峡工程开发总公司的大力支持下，湖北省文化厅组织省内考古力量全面展开三峡工程坝区抢救性考古发掘工作，湖北省文物考古研究所与宜昌博物馆先后有计划地发掘了长江两岸的白庙、鹿角包、大坪、杨家湾、三家沱、朱淇沱、茅坪、三斗坪、中堡岛等多处古文化遗址，发掘面积达2万平方米，勘探面积达21万平方米，揭示出一大批距今7000年前至汉代乃至明清时期内容丰富的文化遗存，清理出大量房基、水沟、灰坑、陶窑、墓葬等遗迹，获取了数以万计不同时代、不同质地的珍贵文物。同时，湖北省文物考古研究所还对坝区杨家湾老屋等3处古民居进行了调查、测绘、照相和文字记录等留取资料工作。

第七期田野考古领队培训班全体同学及考官在中堡岛遗址上合影

8 月，国家文物局局长张德勤在湖北省文化厅副厅长胡美洲等陪同下，检查三峡坝区考古发掘工作并看望了国家文物局田野考古领队培训班师生。

9 月 10 日，宜昌博物馆承担了秭归长府沱遗址的试掘，领队卢德佩，发掘探沟 1 条，面积 14 平方米。发现灰坑 4 个，出土陶片若干。

11 月 23 日，湖北省文物考古研究所承担了宜昌鹿角包遗址的发掘，领队孟华平，发掘面积 750 平方米。清理灰坑 17 个、柱洞 2 个及商周文化堆积。

11 月，国家文物局与湖北省文物考古研究所等全国 24 个科研院所和高校签订工作协议，组织大批文物工作者再次深入库区开展全面系统的文物调查、勘探、测绘、试掘工作，为三峡文物保护规划的科学编制提供丰富、翔实的

中堡岛遗址考古发掘工作现场

中堡岛遗址考古发掘出土的器物坑

俞伟超、吴汝祚及王军先生在坝区秭归朝天嘴遗址

考古人员在拍摄中堡岛遗址全景

第一手资料。湖北省文物考古研究所承担湖北库区秭归、兴山及宜昌县的文物调查和基础规划工作。武汉大学承担湖北库区巴东县的文物调查和基础规划工作。

12 月 3 日，国务院三峡工程建设委员会办公室（以下简称国务院三峡办）以国三峡办发计字〔1993〕066 号《关于三峡工程淹没区文物抢救保护规划制定方案的复函》，“请国家文物局确定文物考古、研究、保护的有关业务单位，尽快与长委会接洽编制文物保护规划”，并指出“文物保护规划将由国务院三峡办和移民开发局会同国家文物局组织审查”。至此，三峡文物保护规划编制得到重新明确。

12 月，国家文物局委托中国科学院古脊椎动物与古人类研究所、湖北省文物考古研究所等单位组成的三峡库区旧石器文化考察队，对秭归、兴山、宜昌县等地进行实地调查，发现 11 处旧石器时代文物点，采集旧石器石制标本 200 余件。

1994 年

1 月 15 日，国家文物局明确中国历史博物馆和中国文物研究所为负责制定《三峡工程淹没区文物抢救保护规划》的规划设计业务单位（〔94〕文物字第 50 号），具体负责《三峡工程淹没区文物抢救保护规划》的编制工作。

3 月 20 日，武汉大学承担了巴东红庙岭遗址的试掘，发掘面积 100 平方米。遗存较丰富。

3 月 24–26 日，三峡工程文物保护规划会议在北京中国历史博物馆召开。参加会议的有国务院三峡办、国务院办公厅秘书四局、国家文物局、中国长江三峡工程开发总公司、水利部长江水利委员会、中国历史博物馆、中国文物研究所、湖北与四川两省文化厅及国家文物局三峡文物保护领导小组湖北和四川工作站等单位领导、专家，湖北省文化厅副厅长胡美洲及湖北省文物考古研究所所长陈振裕出席会议。会议充分肯定了由国家文物局组织的前期规划工作，并就三峡文物保护工作中诸如两省工作站的建设、移民试点区的文物抢救保护工作和规划批准之前如何抓紧时间安排文物抢救等亟待解决的问题进行了讨论。

湖北省文化厅委托湖北省文物考古研究所负责秭归县、兴山县文物调查，武汉大学负责巴东县文物调查，宜昌博物馆负责宜昌县的文物调查。最终由湖北省文物考古研究所汇总编制三峡库区湖北段文物保护初步规划，如期上报北京。湖北省文物考古研究所王风竹同志被三峡工程库区文物保护规划组借用，参加三峡库区湖北段文物保护规划的编制工作。

3 月，根据国家文物局要求，中国历史博物馆和中国文物研究所成立了“三峡工程库区文物保护规划组”。规划组顾问：贾兰坡、侯仁之、吴良镛。规划组成员：俞伟超（组长）、黄克忠（副组长）、徐光冀（考古专家）、傅连兴（古建专家）。规划组工作人员六人，其中地下文物编制人员：乔梁（负责人）、王仁湘、傅家欣、袁虹，地面文物编制人员：王立平（负责人）、顾军。总务及资料人员二人：郝国胜、雷云。

3–5 月，武汉大学承担了巴东楠木园遗址的试掘，领队余西云，发掘面积 150 平方米。遗物主要为石器和陶器。

3–6 月，湖北省文物考古研究所承担了宜昌杨家湾遗址的试掘，领队林邦存。出土遗物最具代表性的是陶刻划符号。

三峡文物保护工作会议

4 月 1 日，武汉大学承担了巴东官渡口遗址的试掘，领队余西云，发掘面积 250 平方米。汉代完整窑址的发现属峡区首例，围墙的发现在大溪文化中也属首例。

6 月 6 日，国务院三峡办召开三峡文物保护规划工作协调会。国务院三峡办魏延琤副主任主持会议，国家文物局张德勤局长、张柏副局长及规划组俞伟超、黄克忠、孟宪民出席会议。会议商定淹没区文物抢救保护规划经费 1000 万元，由长江水利委员会以合同形式全部交由文物保护规划负责单位统筹使用。

8 月，国家文物局在北京召开三峡文物保护工作会议，听取三峡文物保护规划工作进展情况汇报，各规划承担单位代表到会，全国政协副主席、著名科学家钱伟长、中科院院士贾兰坡、著名考古学家苏秉琦到会。

9 月，湖北省文物考古研究所承担了秭归官庄坪遗址的试掘，领队张昌平，发掘面积 50 平方米。遗存堆积丰富。

10 月，为加强三峡文物保护的宣传，宜昌博物馆举办“三峡 · 宜昌出土文物展”，总计展出文物精品 617 件。

12 月，在世纪瞩目的三峡工程坝址——中堡岛上，工程部门与文物部门通力合作，抢救出中堡岛历史上最后一批宝贵的考古资料，共清理墓葬、灰坑、窑藏、房基等 200 余座。湖北省文化厅正式将中堡岛考古工地移交中国长江三峡工程开发总公司，三峡工程坝址工程施工建设正式开始。

巴东百羊坪遗址

12月，国家文物局在北京召开“三峡库区文物保护规划工作座谈会”，会上国家文物局副局长张柏同志指出：“规划组提交的规划，是30多个科研单位、大学和300多位专家学者和专业工作者，根据中央的要求，在三峡第一线辛勤劳动，严谨科学研究的成果，是科学的符合实际的，可行的，规划也体现了‘重点保护，重点发掘’的原则，体现了‘两利’的方针”。

12月，恩施州博物馆承担了巴东百羊坪遗址的发掘，领队邓辉，发掘面积745平方米。清理唐代墓葬1座。

1995年

1月，国务院三峡工程建设委员会移民开发局根据分省负责、经费包干使用和投资包干、限额规划的原则，发文要求湖北省及重庆市移民主管部门与文物古迹保护规划编制单位分省订立合同，并尽快将合同经费拨给规划编制单位，以利于开展规划编制工作。

2月，湖北省文化厅在完成三峡工程坝区文物保护工作后，垫支经费，按“抢先务实”的指导思想，率先进入三峡库区开展文物保护工作。国家文物局三峡湖北工作站负责组织湖北省文物考古研究所等单位，先后对西陵峡段伍相庙、长府沱、塌子沟、香溪口、曲溪口、八字门等遗址进行了抢救发掘，同时对实施搬迁保护的新滩民居等重要古建筑，先签订合同预付部分残质补偿费予以妥善保护，并进行调查、测绘、照相和文字记录等资料收集工作，拉开了三峡工程库区文物保护工作的序幕。

3月，宜昌博物馆承担了秭归狮子包明墓的考古发掘清理，领队卢德佩。墓葬出土遗物有陶瓷器、金银器、铁器等，共计57件。

5月，国家文物局三峡湖北工作站为加强三峡工程建设过程中的文物保护管理工作，率先制定了三峡湖北库区文物保护工作的各项管理办法，拟定了项目合同等规范性管理文本，使各项工作得以顺利进行。同时还提出了增强配合大型基本工程建设中的文物保护课题意识，并提出加快文物保护成果的出版工作。

11月，经湖北省人民政府同意，省文物管理委员会、省文化厅下发了《关于划定省文物保护单位杨家湾老屋保护范围和建设控制地带的通告》（鄂文文物字第244号），坝区杨家湾老屋得到了有效保护。

11月，湖北省文物考古研究所承担了秭归庙坪的试掘，领队孟华平，发掘面积100平方米。共清理墓葬3座、灰坑3个，出土一批新石器时代至汉代的遗物，有剑、矛、镞等铜器。

在国家文物局的具体领导下，由中国历史博物馆和中国文物研究所牵头组成的三峡工程库区文物保护规划组，在我国著名考古学家、规划组组长俞伟超先生的带领下，组织全国30余家文

三峡工程库区文物保护规划组在三峡库区开展了全面的调查、复查和试掘工作

三峡工程库区文物保护规划组在三峡库区开展了
全面的调查、复查和试掘工作

物考古、古建、人类学等研究机构和大专院校的500余名科研人员，在三峡库区开展了全面的调查、复查和试掘工作，勘探面积300余万平方米，试掘2万多平方米，出土文物1万余件，进一步摸清了三峡库区文物资源的家底。

1996年

5月30日，湖北省文化厅、省三峡工程移民局联合发文《关于在三峡工程库区移民搬迁中做好文物保护工作的紧急通知》（鄂文文物字〔1996〕第092号）。

5月，三峡工程库区文物保护规划组完成了《长江三峡工程库区及移民迁建区文物保护规划报告》的编写。《规划报告》共涉及三峡工程淹没及迁建区文物点1282处，其中地下文物点829处，地面文物点453处，规划涉及文物保护经费总计194153.32万元。

6月11日，中国长江三峡工程开发总公司征地移民办公室与省文化厅签订了《三峡坝区文物经费包干协议书》（CTP征字96–35号），涉及坝区文物保护经费共计450万元，至此三峡工程坝区文物保护经费得到最终确认。

7月8日，湖北省三峡工程移民局下达湖北省文化厅1996年度三峡工程湖北库区文物保护经费100万元（〔96〕鄂峡移字第23号文）。这是三峡湖北库区第一笔文物保护经费，湖北省文化厅按照轻重缓急的原则，全面组织开展湖北库区文物抢救工作。

7月24日，湖北省文化厅在武昌组织召开了“湖北省三峡工程库区移民文物保护工作会议”，参加会议的有巴东县、秭归县文化局、移民局及宜昌市、兴山县文化局的负责人，并特邀了秭归县和巴东县领导。会议通报了国家和省有关部门对三峡库区移民文物保护工作的规定和要求；各县汇报了现阶段移民过程中文物保护工作的情况和存在的问题，并提出有关建议；会议研究了下一阶段移民文物保护工作的方案和措施。省文化厅副厅长胡美洲、省三峡工程移民局副局长曾庆海出席了会议并就做好移民文物保护工作提出了要求。

9月28日，国务院三峡建委移民开发局要求四川省三峡工程移民局、湖北省三峡工程移民局、长江水利委员会负责组织《长江三峡工程水库分省淹没及移民迁建区文物古迹保护规划报告》验收（国峡移函规字〔1996〕62号），验收意见于11月上旬完成后送规划编制单位修改，并抄报国务院三峡建委移民开发局与国家文物局。

10月9日晚，国务院副总理邹家华、国务委员李铁映主持会议，研究三峡工程建设中文物保护工作有关问题，国务院办公厅秘书长周正庆、国务院有关部门和四川省、湖北省、重庆市的负责同志出席了会议，会议明确指出："三峡文物保护工作是三峡工程建设整体计划中的一个子系统，受国务院三峡工程建设委员会统一领导，由该委员会全权负责。四川、湖北省和重庆市政府在国务院三峡工程建设委员会领导下，分别负责本省市三峡工程建设中的文物保护工作，国家文物局指导两省一市开展工作，负责协调全国范围内调集有关专业人员参加三峡文物保护工作。该局作为分管全国文物工作的行政管理部门，依据职责对三峡文物保护工作进行督促检查。"（详见国阅〔1996〕169号）第一次明确了三峡工程文物保护工作的管理体制。湖北省王少阶、胡美洲、张勇康出席了会议。

10月，湖北省文物考古研究所承担了秭归王家坝遗址的发掘，领队王风竹，发掘面积510平方米。主要文化遗迹有灰坑和灰沟，出土遗物有陶器、石器、铜器等。

10月，湖北省文物考古研究所承担了秭归何家坪遗址的发掘，领队孟华平，发掘面积1600平方米。清理新石器时代至明代的墓葬5座、灰坑3个、窑1处，出土陶、石、瓷、银、铜、铁等不同质料的文化遗物百余件。

10月，国家文物局三峡湖北工作站对秭归

秭归王家坝遗址

土地湾遗址进行了第一次发掘，领队王风竹、周国平，发掘面积3275平方米。发现灰坑61个、灰沟6条、房址1座、窑址1座、瓮棺葬16座，出土较丰富的汉代遗迹、遗物。

1996年，为更进一步了解秭归官庄坪遗址的堆积情况，湖北省文物考古研究所由黄文新、陈万元、肖平、刘明怀、张青云、文必贵、周昊等组队对遗址台地进行全面钻探和试掘。确认遗址东西宽60、南北长300米，面积达18000平方米。其中堆积较好的面积为12000平方米，文化堆积厚1.5–2.8米。试掘面积125平方米，发现灰坑2个、灰沟5条、墓葬3座。首次发现二里头文化时期堆积、东周墓葬以及商代灰沟。

1997年

1月，湖北省文物事业管理局组织北京建筑工程学院建筑系、河北省古代建筑保护研究所、河南省古代建筑保护研究所与库区巴东、秭归、兴山、宜昌县的文物部门一道，全面完成一期水位线下的地面文物的照相、摄影、拓片、文字、测量、绘图等资料及部分项目的设计工作，对重点地区文物建筑进行全面测绘，并采取先期进行残质补偿等措施加以保护。

2月，湖北省文物事业管理局委托北京建筑工程学院建筑系按“集中保护、规模发展”的思路分别编制巴东县、秭归县、兴山县和宜昌县的地面文物搬迁保护总体规划，经过多次论证和专家评审最终确定，保证了拆迁与复建工作相衔接，从而使地面文物得到了科学规划和有效保护。

3月，中国长江三峡工程开发总公司工程建设部文件《三峡工程坝区杨家湾老屋保护范围及有关问题的复函》（三工建坝区字〔1997〕第28号），确定了坝区原地保护地面文物项目杨家湾老屋的保护范围及管理方式。

4月30日，湖北省三峡工程移民局、湖北省文物事业管理局联合行文《关于安排我省1997年度三峡工程库区文物保护抢救经费计划的请示》（〔1997〕鄂峡移字第21号），向国务院三峡建委移民开发局上报我省1997年度文物保护抢救经费计划2000万元。

5月，湖北省文物考古研究所承担并开展库区“楚峡云开”等14个石质文物点的原地保护的拓片及复制工作。

5月26日，宜昌博物馆承担了秭归长府沱商代遗址的发掘，领队卢德佩，发掘面积601平方米。发现灰坑5个、灰沟3条，出土遗物有石器和陶器及小件铜器、骨器等，主要为陶器。

三峡湖北库区摩崖石刻

三峡湖北库区摩崖石刻

5-9 月，湖北省文物考古研究所承担了秭归官庄坪遗址的发掘，领队王风竹，发掘面积 2100 平方米。发现灰坑 65 个、灰沟 7 条、房基 3 座、墓葬 7 座，首次发现二里头时期及东周时期的房基。

6 月 5 日，湖北省文物考古研究所承担了巴东县农行遗址的发掘，领队胡雅丽，发掘面积 175 平方米。出土遗物以陶器为主，石器较少，按功能分为劳动工具、建筑材料和生活用器。

5 月，宜昌博物馆承担了秭归沙湾子遗址的发掘，领队卢德佩，发掘面积 350 平方米。发现墓葬 1 座、探沟 1 条，出土遗物有陶器、瓷器、石器及小件铜器。

5 月，宜昌博物馆承担了秭归渡口遗址的发掘，领队卢德佩，发掘面积 1025 平方米。发现灰坑 7 个、灰沟 2 条、房基 1 处、墓葬 1 座，发现石器、陶器、瓷器以及小型玉器、铜器等遗物。

秭归沙湾子遗址

秭归长府沱遗址

秭归渡口遗址

6月7日，湖北省文物考古研究所承担了秭归河坎上遗址的发掘，领队黄凤春，发掘面积550平方米。发现灰坑35个、房基1处，出土遗物有陶器、铜器、铁器等，其中出土大量铜带钩、削刀和箭镞。

6月9日，湖北省文物考古研究所承担了秭归杨家沱遗址的发掘，领队林邦存，发掘面积325平方米。清理墓葬1座、灰坑11座，出土铜镞、铜钱、绳纹板瓦、陶罐、陶盆等。

6月23日，国务院三峡建委移民开发局在重庆市召开了三峡工程库区文物保护规划验收工作协调会，会议进一步强调，三峡库区文物保护工作是三峡工程建设的有机组成部分，必须予以高度重视。

秭归河坎上遗址

6月，国家文物局三峡湖北工作站委托当阳市博物馆承担宜昌县望家祠堂的拆迁工程，派出专业技术人员现场指导、监督全部拆迁工作，审查解体方案、编号图。整个工作按照地面文物搬迁保护工作的有关要求进行。通过这一工作对今后湖北库区众多地面搬迁保护项目积累了二作经验。

6月，湖北省文物考古研究所承担了秭归马槽岭与孔岭东汉墓的发掘，领队梁柱。此次共清理墓葬10座，出土随葬品铜钱667枚，另有陶、银、铜、铁、玻璃等器物14件。

6月，国家文物局在重庆召开了“全国对口支援三峡工程文物保护会议”，动员全国文博单位、大专院校和科研院所支援三峡工程文物保护工作。国家文物局三峡湖北工作站陈振裕、王风竹参加了会议。

秭归杨家沱遗址

宜昌望家祠堂的拆迁

7月，湖北省文物考古研究所承担了秭归东门头明城的发掘，领队陈振裕，发掘面积90平方米。清理出城墙、城门和排水沟等重要遗迹，同时清理了已暴露的墓葬7座。

7–8月，为适应湖北三峡工程库区大规模的地面文物保护工作的需要，培养古建专业技术力量，国家文物局三峡湖北工作站举办了“三峡文物建筑测绘培训班”。培训班由王风竹任

秭归马槽岭与孔岭东汉墓

班主任，吴晓任教官，共培训来自库区四县及省内有关市县学员 15 人（湖北省文物考古研究所李雁、谢辉；巴东县博物馆税世刚、李刚；秭归县屈原纪念馆周昊、望青松；兴山县文管所刘道霖；宜昌博物馆赵德祥、向光华；恩施州博物馆朱世学、周立；襄樊市文物处张毅琼；荆门市博物馆黄文进；钟祥市显陵管理处钟山；荆州市荆州区文物局王顺江）。学员在秭归县新滩镇进行了古民居的调查、测绘、照相和文字记录等实习。通过培训，培养了一批古建专业的技术力量，为湖北省三峡库区地面文物保护工作的组织实施奠定了良好的基础。

8 月，为配合 11 月的三峡工程大江截流，国务院三峡建委移民开发局下达通知，库区各市、县，各单位按坝前 90 米水位线（简称Ⅰ线）下的各项移民搬迁安置工程项目，必须按计划如期完成并进行验收，形成验收报告上报。省文物事业管理局按要求组织了自验工作。

9 月 11 日，湖北省文物事业管理局委托河北省古代建筑保护研究所进行巴东县王爷庙的规划设计及拆迁工作。

9 月 15 日，国务院三峡建委移民开发局《关

三峡文物建筑测绘培训班全体合影

三峡文物建筑测绘培训班

于下达三峡工程湖北库区 1997 年度文物保护经费计划的通知》(国峡移发规字〔1997〕84 号),下达我省 1997 年度文物保护经费 642.7 万元,其中地面文物保护经费 130.7 万元,地下文物保护经费 512 万元。

9 月 21 日,南京大学历史学系承担了巴东孔包河遗址的发掘,领队吴建民、水涛,发掘面积 890 平方米。清理各类墓葬 10 座,可以辨认器形的石器、陶器、铜器、铁器等各类遗物 30 余件。

9月，吉林大学考古学系承担了巴东雷家坪遗址的发掘，领队冯恩学，发掘面积1659平方米。发现灰坑7个、墓葬3座、灶面1个、沟1条，出土陶器、瓷器、石器、蚌器、青铜器、铁器和钱币等遗物157件。此次发掘发现龙山、商、周和六朝的地层叠压关系，为确立三峡地区的考古文化序列提供了重要依据。

9月，厦门大学历史系承担了巴东茅寨子湾遗址的重点钻探和发掘，领队吴春明，发掘面积939.5平方米。发现砖石、土洞墓12座、房基5处、灰坑3个，出土一批陶瓷器、砖瓦材料、铜、铁、银、玉石器等重要遗物，其中陶瓷器内涵最丰富。通过发掘了解到该遗址汉至六朝时期的聚落具有严格的规定，对于考察这一时空聚落文化的发展特点具有重要意义。

9月，武汉大学考古学系承担了巴东官渡口遗址的发掘。发掘大小规格不一的深方、探沟37个，发掘面积1641平方米。发现遗迹墓葬1座、残灶址1座、灰坑13个。出土了一批新石器时代至明清时期的珍贵遗物。

9月，国家文物局三峡湖北工作站组织省文物考古研究所专业人员及“三峡文物建筑测绘培训班”的十多名学员对秭归新滩郑万琅老屋等民居进行拆迁，拆迁工作严格按照文物保护的程序进行，对木质、石质的文物构件逐一编号，严格按事先制定的拆迁方案进行拆迁、包装和运输到复建的指定位置。

巴东孔包河遗址

巴东雷家坪遗址

巴东茅寨子湾遗址

9月，宜昌博物馆承担了秭归曲溪口遗址的发掘，领队李梅田，发掘面积557.5平方米。发现灰沟5条、灰坑2个，出土遗物有鼎、罐、盆、鬲、豆等陶器以及少量石器和铜器。

9月，宜昌博物馆承担了秭归卜庄河墓群的发掘，领队卢德佩，发掘面积802平方米。清理墓葬6座。

10月21日，为了确保考古发掘的科学、严谨和资料的准确、完整，湖北省文物事业管理局特邀国家文物局考古专家组组长黄景略先生、中国社会科学院考古研究所研究员黄展岳先生对三峡库区考古发掘工作进行项目检查。专家组要求各工地以严肃的工作态度处理好每个遗迹，寻找人们生活的居住点，并尽可能多地采集遗物，对有文化层的区域尽可能大面积揭露，发掘报告要尽可能全面如实地反映各遗

秭归曲溪口遗址

址或墓葬区的分布规律，力求给后人留下一份可信的文化遗产。陪同前往检查工作的有湖北省文化厅副厅长、省文物事业管理局局长胡美洲、湖北省文物考古研究所所长陈振裕、孟华平、周国平等。

10 月 24 日，湖北省三峡工程移民开发局、省文物事业管理局《关于报送〈1997 年湖北省第二批三峡工程库区文物保护项目及经费计划〉的请示》（〔97〕鄂峡移字第 110 号），根据我省实际情况和今年急待开展的工作，组织有关专业人员编制了年度项目及经费计划上报国务院三峡建委移民开发局。

10 月，国家文物局三峡湖北工作站对秭归土地湾遗址进行了第二次发掘，领队王风竹、周国平，发掘面积 1025 平方米。发现灰坑 41 个、灰沟 2 条、房址 1 座、瓮棺葬 14 座。

10 月，在巴东县地方各级政府及巴东县博物馆的关心支持和积极配合下，河北省古代建筑保护研究所顺利完成了王爷庙规划设计的外业工作及王爷庙的拆迁工作。

11 月 8 日，江泽民同志在三峡工程大截流仪式上指出：“长江流域是中华文明的发祥地之一，在库区留下了丰富的文化遗产。要按照‘重点保护，重点发掘’的原则，认真做好库区文物保护工作。”

11 月 9 日，国家文物局局长张文彬参加三峡工程大江截流仪式后，到秭归、巴东考察湖北库区文物保护工作，并就做好三峡考古和文物保护工作发表了意见。他指出全国文物工作者要发扬团结协作、奋力拼搏的优秀传统，以不怕困难的精神和超乎寻常的劳动来认真做好每一项工作，完成历史赋予我们的光荣使命。

11 月，王晓田、王风竹主编的《长江三峡工程坝区出土文物图集》由科学出版社出版，这是第一部反映三峡工程坝区考古发掘工作成果的图书。

11 月，湖北省文物考古研究所、武汉市文物考古研究所承担了巴东地主坪遗址的发掘，发掘面积 642 平方米。该遗址发掘墓葬 4 座，出土陶瓷器、铜器、铜钱等，通过发掘获得了科学的文物资料，这些不同形制的墓葬结构以及具有峡江地区风格的文物给我们提供了研究古代民风民俗的资料。

12 月 4 日，湖北省文物事业管理局《关于上报 1998 年度湖北省三峡工程库区文物保护项目及经费计划的函》（鄂文物综字〔1997〕第 49 号），就 1998 年的文物保护项目安排及经费计划致函省三峡工程移民开发局。

国家文物局局长张文彬到秭归、巴东考察湖北库区文物保护工作

《长江三峡工程坝区出土文物图集》出版

巴东镇江寺墓地

12 月，湖北省文物考古研究所承担了巴东镇江寺墓地的发掘，领队宋有志，发掘面积 100 平方米。由于墓葬被盗扰，未见随葬品。

1997 年，山东大学承担了巴东黎家沱遗址的全面钻探和发掘，领队栾丰实，发掘面积 1232 平方米。发现商周时期灰坑 1 座、汉至六朝时期墓葬 3 座以及明清时期石墙基和排水沟等遗迹，遗迹中出土遗物有斧、锛等石器、不同时期陶片、瓷器和钱币等。

1997 年冬，恩施州博物馆承担了巴东砌楼包古墓葬的发掘，领队邓辉，发掘面积 200 平方米。清理墓葬 5 座，出土铜器、铁器以及各类陶器等。这批墓葬是三峡神农溪流域重要发现之一，为研究东汉晚期到六朝以前的文化面貌和特点提供了重要依据，为研究东汉晚期的文化习俗、社会面貌提供了重要参考资料。

1997 年，荆州博物馆承担了秭归香溪刘家坝、八字门遗址的发掘，领队张万高。发现灰坑 6 个，出土主要有泥质灰陶折沿罐、高领罐、壶、卷沿盆、灰细砂陶瓮等遗物，还有较多的兽骨。

巴东地主坪遗址

巴东黎家沱遗址

秭归香溪刘家坝、八字门遗址

巴东硐楼包古墓葬

1998年

1月9日，国务院三峡建委移民开发局《关于下达三峡工程湖北库区1997年第二批文物保护项目经费计划的通知》（国峡移发规字〔1998〕7号），下达我省文物保护经费198.82万元，其中地面文物保护项目经费18.8万元，地下文物保护项目经费80.02万元，配套文物库房建设费100万元（秭归、巴东各50万元）。

1月27日，为表彰近年来我省文物保护工作上做出突出贡献的单位，经湖北省人民政府批准，湖北省文物管理委员会在武昌召开“湖北省文物保护先进单位表彰大会”，中国长江三峡工程开发总公司受到表彰。会上湖北省副省长王少阶作了重要讲话，湖北省文化厅副厅长胡美洲、沈海宁参加了会议，出席会议的有在文物保护方面表现突出的全省先进单位代表30余人。中国长江三峡工程开发总公司环境与文物保护委员会主任高家衡在会上发言，副省长王少阶为获得湖北省文物保护先进单位的代表颁发了荣誉证书和奖牌。

3月9日，湖北省三峡工程移民开发局和省文物事业管理局《关于报送〈1998年湖北省三峡工程库区文物保护项目及经费计划〉的请示》（鄂峡移发〔1998〕11号），就1998年度21处考古发掘项目和21处地面文物保护项目的经费计划上报国务院三峡建委移民开发局。

3月，湖北省文物事业管理局对杨家湾老屋进行第一期维修工程，杨家湾老屋东进间复原修建工程，拆除老屋内外晚期搭建建筑，对老屋屋面等进行整体修缮。

4月3日，国务院三峡建委移民开发局规划司副司长邓一章率检查组检查湖北库区文物保护项目执行情况。检查组成员有：三峡建委移民开发局咨询中心主任姚启东、长江委库区处总工林春、湖北省三峡工程移民局处长严文刚及黄卫国同志。陪同检查组检查的有湖北省文物考古研究所所长陈振裕、三峡工作站常务副站长王风竹、省文物考古研究所吴晓等。

4月30日，朱镕基总理召开会议，研究三峡工程建设的问题，决定由国务院三峡办组织有关方面抓紧审议三峡水库淹没区和移民安置区的文物保护规划。

6月20日，国务院三峡办、移民开发局、国家文物局组织文物专家赴库区实地考察规划工作。考察组组长邹衡，专家有黄景略、谢辰生等。考察结束后在重庆形成了专家考察意见。湖北省参加此次考察的有陈振裕、黎朝斌。

6月22日，国务院三峡建委移民开发局《关于下达1998年度湖北省三峡工程库区文物保护经费计划的通知》（国峡移发规字〔1998〕65号），下达我省1998年度文物保护经费401.38万元，其中地面文物保护经费100.2万元，地下文物保护经费291.18万元，文物保护管理经费10万元。

7月，朱镕基总理在关于三峡文物保护抢救的专家来信上做出重要批示，要求“对文物工作应予重视”。

8月，国家文物局三峡湖北工作站常务副站长、湖北省文物考古研究所王风竹同志获得由人事部、国家文物局联合授予的“全国文物系统先进工作者”称号。成为改革开放后，我国文博系统首次评选出的全国20名劳模之一。

9月6日，国务院三峡办在北京召开《长江

三峡工程淹没区及迁建区文物古迹保护规划报告》论证会。论证会依据《中华人民共和国文物保护法》和《实施细则》，按照“保护为主，抢救第一”，“重点保护，重点发掘，既对基本建设有利，又对文物保护有利”的原则，对《规划报告》进行了论证。论证会专家意见认为，《规划报告》有着坚实的科学基础，所列的文物项目比较全面、准确，所提出的保护措施总体是可行的，为今后三峡库区的文物保护工作做了全面的规划，也为研究三峡地区文化历史的特点和发展做了有益的探索。会议建议对淹没区、移民迁建区、防护区部分文物指标做进一步复核，对部分列为搬迁保护的文物按实际情况对保护方式进行适当调整；对《规划报告》附录中的白鹤梁、石宝寨和张桓侯庙应单独组织专项论证；至于《规划报告》附录中的民族民俗文物保护和博物馆建设，会议认为是很重要的地方文化发展项目，但不属于三峡库区配合基本建设文物保护项目，不在规划中立项；同时鉴于地面文物保护经费概算编制依据不足，文物保护经费总概算尚需进行相应调整。参加论证会的有各方面专家 27 人。湖北省文化厅副厅长胡美洲、省文物考古研究所所长陈振裕、王风竹参加了会议。

秭归玉种地遗址

巴东宝塔河遗址

9月14日，国务院三峡办下发《关于抓紧开展长江三峡工程淹没及迁建区文物古迹保护规划报告补充调整工作的通知》（国三峡办发技字〔1998〕108号），要求湖北省、重庆市人民政府、国务院三峡工程建设委员会移民开发司、国家文物局、长江水利委员会等单位抓紧开展长江三峡工程淹没及迁建区文物古迹保护规划报告补充调整工作。湖北省文物事业管理局按要求积极安排部署开展相关工作。

9月，湖北省文物事业管理局委托宜昌博物馆进行三峡工程围堰施工现场文物调查，在二期围堰基坑内发现新石器时代打制石器和一批明代青花瓷器等重要文物。这是有史以来长江江底的首次考古发现。

9月，宜昌博物馆承担了秭归玉种地遗址的发掘，领队刘继东，发掘面积270平方米。发现灰坑2个、墓葬1座，出土遗物主要有石器、骨器、装饰件及陶器等。

10月8日，湖北省文物事业管理局、省三峡工程移民开发局《关于上报湖北省三峡工程库区1998年度第二批文物保护项目经费的请示》（鄂文物综〔1998〕061号），上报我省1998年度第二批文物保护项目经费计划637.96万元。

10月24日，国务院三峡建委移民开发局《关于下达湖北省三峡工程库区1998年度第二批文物保护项目经费计划的通知》（国峡移发规字〔1998〕120号），下达我省1998年度第二批文物保护经费279.05万元，其中地面文物保护经费68.17万元，地下文物保护经费188.97万元，文物保护工作管理费5万元，补充下达第一批12处地下项目勘探费16.91万元。

10月，三峡工程文物保护规划组根据专家论证会意见和核查验收情况完成了对《规划报告》的修订和补充，向国务院三峡办提交了《〈长江三峡工程淹没及迁建区文物古迹保护规划〉有关内容的修订与补充》。

10月，国家文物局三峡湖北工作站委托河北省古代建筑保护研究所承担巴东县地藏殿的规划设计工作。

10月，湖北省文物考古研究所承担了秭归坟堰湾与谭家河遗址的发掘，领队梁柱，发掘面积825平方米。发现灰坑11个、灰沟3条，出土遗物主要有陶器、铜器和钱币等。

10月，武汉大学考古学系承担了巴东宝塔河遗址的发掘，领队王然。此次发掘共清理商周至清代的房址、灰坑、窑炉、墓葬近百处，出土文物近千件。

10月，宜昌博物馆承担了秭归望江墓群的发掘，领队李梅田，发掘面积200平方米。清理墓葬84座，获得一批陶、瓷、铜、玉、银器等珍贵文物。

10月，湖北省文物考古研究所承担了秭归王家湾遗址的发掘，领队杨权喜，发掘面积550平方米。发现遗迹不多，出土遗物主要有陶器、石器等。

10月，宜昌博物馆承担了秭归旧州河遗址的发掘，领队刘继东，发掘面积285平方米。发现灰坑7个、墓葬2座，出土陶器、石器、瓷器等遗物。

10月，湖北省文物考古研究所承担了秭归东门头遗址的发掘，领队孟华平，发掘面积1000平方米。清理房址6座、灶1座、窑2座、沟3条、灰坑4个、墓葬1座，以及城墙、鹅卵石摆塑龙等遗迹。出土陶、石、瓷、铜、铁

秭归旧州河遗址

巴东店子头遗址

秭归黄土嘴遗址

秭归东门头遗址采集太阳人石刻

等不同质地的遗物600余件。其中采集到的太阳人石刻丰富了城背溪文化的内涵。

11月2日，湖北省文物考古研究所承担了巴东店子头遗址的发掘，领队胡雅丽，发掘面积136平方米。出土遗物有石器、陶器、动物遗骸等。

11月7日，湖北省三峡工程移民开发局组织召开了三峡工程湖北库区文物项目复核工作座谈会，参加会议的有国务院三峡建委移民开发局技术司吴国平，长江委冯秋生、张华忠，湖北省文物事业管理局副局长徐逢秀、黎朝斌，省文物考古研究所所长陈振裕、王风竹、吴晓等。

11月10日，南京大学历史学系承担了秭归

巴东红庙岭遗址

巴东土寨子湾遗址

11月11日，国家文物局三峡湖北工作站委托秭归县屈原纪念馆承担秭归县游县长老屋的拆迁工程。

11月17日，湖北省文物考古研究所承担了秭归黄土嘴遗址的发掘，领队黄凤春，发掘面积500平方米。出土遗物主要有石器、陶器等。

11月，湖北省文物考古研究所承担了巴东红庙岭遗址的发掘，领队林邦存，发掘面积2000平方米。清理墓葬37座、房址4座、灰坑23个，出土石器、陶器、铜器、铁器等。

11月，国家文物局三峡湖北工作站委托巴东县博物馆进行地藏殿、顾家老屋拆迁工作，在专业人员技术指导下，按文物建筑拆迁原则操作施工。

12月4日，湖北省文物考古研究所承担了巴东土寨子湾遗址的发掘，领队胡雅丽，发掘

仓坪遗址的发掘，领队水涛，发掘面积850平方米。发现灰坑7个、房址2座，出土石器、陶器及少量铜器。仓坪遗址是三峡库区发现的屈家岭文化分布最靠西的一个遗址，这对于研究屈家岭文化的西进过程、屈家岭文化时期峡江东部地区的文化关系等问题有比较重要的意义。

秭归柳林溪遗址

秭归柳林溪遗址出土石雕人像

巴东火焰石遗址

面积 384 平方米。清理灰坑 1 个、墓葬 1 座，出土遗物以陶片为主，石器很少，还有个别铜器、少许动物碎骨与蜗牛壳。

12 月，厦门大学历史系承担了巴东罗坪墓群的发掘，共清理 2 座墓葬。因墓葬被破坏，仅残存少量遗物，包括陶、瓷、铁器及装饰品。

12 月，湖北省文物考古研究所承担了秭归柳林溪遗址的发掘，领队周国平，发掘面积 1325 平方米。发现大量新石器时期、二里头文化时期及东周楚文化时期的遗迹和遗物，并首次发现六朝时期遗存。出土遗物以陶器为大宗，另有相当数量的石器及少量骨器，还有一定数量的兽骨，其中比较重要的有石雕人像 1 件。

12 月，湖北省文物考古研究所承担了巴东火焰石遗址的发掘，领队梁柱，发掘面积 2000 平方米。发现灰坑 3 个，出土各类陶器和石器等遗物。

1999 年

1 月 15 日，湖北省文物事业管理局《关于上报 1999 年度湖北省三峡工程库区地面文物保护项目及计费计划的报告》（鄂文物综字〔1999〕第 03 号），向省三峡工程移民开发局报送地面文物保护项目经费计划 1023.45 万元。

3 月 2 日，为进一步加强三峡湖北库区的文物保护工作，湖北省文化厅成立湖北省文物事业管理局三峡文物保护工作领导小组（鄂文文物通字〔1999〕第 018 号），组长胡美洲、副组长徐逢秀、陈振裕、黄传懿，成员有王风竹、雷鸣、祝建华。领导小组下设办公室（以下简称湖北省文物事业管理局三峡办），为领导小组的办事机构，职责是负责湖北库区三峡文物抢救保护的日常工作。办公室与国家文物局三峡工程文物保护工作领导小组湖北工作站合署办公，办公室主任陈振裕，副主任王风竹、雷鸣、祝建华，工作人员有魏德勋、吴晓、周国平、黄文新、胡文春、李雁、谢辉、罗运兵。

3 月 23 日，湖北省文物事业管理局《关于申报 1999 年湖北省三峡库区文物保护项目及有关经费计划的函》（鄂文物函字〔1999〕第 16 号），就 15 处地下发掘项目和 19 处地面文物保护项目的安排及经费计划致函省三峡工程移民开发局。

3 月，湖北省文物考古研究所承担了秭归东门头遗址的发掘，领队孟华平，发掘面积 200 平方米。清理活动遗迹 1 处、坑 3 个、灰坑 1 个、

兴山吴翰章老屋

兴山陈伯炎老屋

窑一座，出土一批城背溪文化时期至清代的遗物。

3-6月，湖北省文物考古研究所组织对秭归官庄坪遗址进行第五次发掘，领队王凤竹、周国平，发掘面积1625平方米。发掘灰坑43个、灰沟7条、墓葬4座、窑2座、房基2座，首次发现东周时期窑址和确切的屈家岭文化时期堆积。

3-6月，吉林大学考古学系承担了巴东雷家坪遗址的发掘，领队冯恩学，发掘面积1257平方米。清理墓葬7座、灰坑2个、灰沟1条，发现新石器时代、夏商、西周、春秋、六朝文化层。

4月，审计署驻湖北省特派员办事处对湖北省文物事业管理局、国家文物局三峡湖北工作站和省文物考古研究所三峡文物保护专项经费进行了审计。通过此次审计，湖北省文物事业管理局完善了有关财务管理制度，进一步加强了财务和计划管理，严格按照国家有关制度规定，切实做到专款专用。三峡工程湖北库区文物保护项目经费管理工作不断完善和规范。

4-6月，宜昌博物馆承担了秭归卜庄河墓群的发掘，领队卢德佩，发掘面积2114平方米。清理墓葬16座、陶窑3座。

5月5日，湖北省文物事业管理局三峡办委托兴山县文管所承担兴山县陈伯炎老屋、吴翰章老屋拆迁工程。

5月，湖北省文物事业管理局组织开展杨家湾老屋二期维修工程，进行了老屋正面环境整治，老屋前后场平工程，排水、保坎台阶的铺设工程。

5月，湖北省文物考古研究所承担了宜昌上磨垴遗址的发掘，领队杨权喜，发掘面积575平方米。发现房基、灰坑、水沟和冶铸遗迹等，出土遗物包括陶器、石器、铁器、铜器、骨器等，另有部分兽骨和鱼骨。

6月11日，《省人民政府关于〈长江三峡工程淹没区及迁建区文物古迹保护规划〉有关内容的修订与补充意见的函》（鄂政函〔1999〕75号），根据国务院三峡办《关于请审核〈长江三峡工程淹没区及迁建区文物古迹保护规划〉有关内容的修订与补充的通知》（国三峡办技字〔1999〕026号），就“规划报告”提出有关意见和建议。

6月，恩施州博物馆承担了巴东前进滩遗址的发掘，领队邓辉，发掘面积200平方米。发现石器、陶器及少量箭镞、鱼钩等小件青铜器。

巴东前进滩遗址

6月，恩施州博物馆承担了巴东老五亩田遗址的发掘，领队邓辉，发掘面积100平方米。发现少量石器、陶器以及碗、碟、盘口壶等青瓷器。

巴东老五亩田遗址

7月20日，湖北省三峡工程移民开发局、省文物事业管理局《关于1997和1998年湖北省三峡工程库区文物保护项目计划执行情况的报告》（鄂峡移发〔1999〕55号），向国务院三峡建委移民开发局上报文物保护项目执行情况、收获、经费管理情况以及有关问题及建议。

9月15日，国务院三峡建委移民开发局《关于下达湖北省三峡库区1999年度文物保护项目经费计划的通知》（国峡移发规字〔1999〕103号），下达我省1999年度文物保护项目经费217.28万元，其中地下文物保护项目经费211.28万元，文物保护工作管理费6万元。

9月23日，湖北省三峡工程移民开发局《关于湖北省三峡库区1999年度文物保护项目经费

国务院三峡办第25次会议讨论文物保护规划问题

计划的函》（鄂峡移财〔1999〕100号），下达1999年度文物保护经费217.28万元，其中地下文物保护项目经费211.28万元，文物保护工作管理费6万元。

10月8日，国务院三峡办在北京召开办公会议，研究三峡文物保护规划的审批问题。国务院三峡办主任郭树言主持会议，参加会议的有国务院三峡办副主任、重庆市副市长甘宇平，国务院三峡办副主任李世忠，国务院三峡建委委员、三峡建委移民开发局局长漆林，国家文物局副局长张柏，湖北省三峡工程移民开发局副局长曾庆海，湖北省文化厅副厅长胡美洲以及长江水利委员会勘测规划设计院副院长张国荣等28人。会议就三峡文物保护项目、保护方案、保护经费，以及白鹤梁题刻、石宝寨、张飞庙和屈原祠四大项的保护等问题进行了认真讨论和研究，并形成《国务院三峡工程建设委员会办公室会议纪要》第25期。湖北省文物考古研究所陈振裕、王风竹出席了会议。

10月30日，湖北省文物事业管理局三峡办委托河北省古代建筑保护研究所承担宜昌县望家祠堂搬迁保护设计工作。

10–12月，湖北省文物考古研究所承担了秭归东门头遗址的发掘，领队孟华平，发掘面积800平方米。清理房址4座、灰坑6个、墓葬4座、窑1座，以及石板道路、城墙等遗迹，出土各种不同质地的遗物300余件。

11月，南京大学历史学系承担了秭归台子湾遗址的发掘，领队水涛，发掘面积1600平方米。发现房址、灰坑等遗迹，清理墓葬19座，出土包括鎏金青铜摇钱树在内的金、银、铜、铁、陶、瓷器等文化遗物数百件。

11月，湖北省文物考古研究所承担了秭归

秭归石门嘴遗址

大沙坝遗址的发掘，领队杨权喜，发掘面积500平方米。发现房基、窑和灰坑，出土遗物主要是石器和陶器，还有少量玉器、骨器和一部分唐宋瓷器。

11月，吉林大学考古学系承担了秭归石门嘴遗址的发掘，领队王立新，发掘面积1400平方米。发掘墓葬13座、灰坑13个、房址7座。

11月，宜昌博物馆承担了秭归卜庄河墓群的发掘，领队卢德佩，发掘面积5022平方米。清理墓葬12座、明代房址6座。

12月7日，国家文物局局长张文彬在文保司副司长孟宪民、办公室秘书朱晓东、重庆市文化局博物馆处处长杨明、湖北省文化厅巡视员胡美洲、省文化厅副厅长、省文物事业管理局局长沈海宁、综合处处长方学富、三峡办副主任王风竹、宜昌市文化局局长冯万林、副局

国家文物局局长张文彬视察（杨家湾老屋）

国家文物局局长张文彬视察

长屈定富的陪同下考察三峡湖北库区文物保护工作。在坝区杨家湾老屋听取了老屋保护工作情况、维修现状及今后保护利用的构想，查看了柳林溪遗址的整理工作现场。

12月10日，国家文物局文保司司长杨志军、刘华彬、中国文物报记者李政，在重庆市文物局三峡办副主任柳春鸣、湖北省文化厅副厅长、省文物事业管理局局长沈海宁、综合处处长方学富、省文物考古研究所所长陈振裕、三峡办

国家文物局文保司司长杨志军检查
秭归石门嘴遗址

国家文物局文保司司长杨志军检查杨家湾老屋

国家文物局文保司司长杨志军到秭归屈原祠检查工作

巴东杨家棚遗址

副主任王风竹、宜昌市文化局副局长屈定富、市博物馆馆长王志琦的陪同下考察三峡湖北库区文物保护工作。听取了三峡湖北库区地下、地面文物保护工作进展情况、工作安排、行政管理等方面的汇报，实地考察了东门头、石门嘴遗址等地下考古工地和新滩民居。

12 月，湖北省文物考古研究所承担了巴东杨家棚遗址的发掘，领队杨权喜，发掘面积 200 平方米。此次发掘发现灰坑3个，出土陶器、铜器、铁器、石器等。

2000 年

湖北省文物事业管理局、省三峡工程移民开发局联合下发《关于加强三峡库区地面文物保护工作的紧急通知》（鄂文物综字〔2000〕

第 005 号），通知库区四县切实加强地面文物保护工作，及时通报有关情况，杜绝地面文物被拆毁事件的发生，严禁买卖文物构件。

2 月 14 日，《省人民政府关于对三峡工程湖北文物保护项目和保护方案复核意见的函》（鄂政函〔2000〕36 号），根据国务院三峡办的要求，湖北省组织文物、移民部门和长江委进行了本辖区内文物的实物指标和保护方案的复核工作，并正式将有关意见函报国务院三峡建委。

3 月 14 日，国务院三峡建委移民开发局在北京召开了“三峡工程淹没区及迁建区文物古迹保护规划实施工作会议”，重点对库区文物保护规划的实施和项目计划管理确定了相关原则。同时商讨了地面文物搬迁保护的招投标试点工作、出版、宣传费及文物保护工作队伍和人员培训等问题。

3 月 30 日，湖北省三峡工程移民开发局、省文物事业管理局向国务院三峡建委移民开发局上报《关于 2000 年度湖北省三峡库区第一批文物保护项目及相关经费计划的请示》（鄂峡移发〔2000〕24 号），本年度第一批文物保护项目经费计划 1531.38 万元。

3–6 月，国家文物局三峡湖北工作站组织开展了秭归柳林溪遗址的发掘，领队王风竹、周国平，发掘面积 3375 平方米。发现汉唐、明清诸时期遗存。

5 月 23 日，国务院三峡建委移民开发局《关于湖北省三峡工程库区 2000 年度第一批文物保护项目及相关经费计划请示的批复》（国峡移发规字〔2000〕76 号），下达我省 2000 年度第一批文物保护经费 1318.76 万元，其中地面文物保护项目经费 558.98 万元，地下文物保护经费 740.28 万元，文物保护工作管理费 19.5 万元。

秭归咤神庙遗址

5 月，宜昌博物馆承担了秭归独石子遗址的发掘，领队卢德佩，发掘面积 1000 平方米。出土陶器、骨器、石器等。

5 月，宜昌博物馆承担了秭归白水河遗址的发掘，领队刘继东，发掘面积 500 平方米。出土石器、陶器、瓷器等。

5 月，宜昌博物馆承担了秭归咤神庙遗址的

秭归白水河遗址

发掘，领队卢德佩，发掘面积500平方米。出土陶器、瓷器、铁器、钱币等。

6月13日，宜昌博物馆承担了秭归将军滩遗址的发掘，领队刘继东，发掘面积100平方米。出土石器、陶器等。

6月23日，国务院三峡建委批复了《三峡工程淹没区及迁建区文物保护项目和保护方案》（国三峡委发办字〔2000〕15号），同意将1087处文物点列入保护规划，地下文物723处，地面文物364处（包括搬迁保护133处、原地保护87处、留取资料144处）。其中重庆库区752处，湖北库区335处。

6月，湖北省文物考古研究所承担了巴东罗坪墓群的发掘，领队冯少龙，清理墓葬13座。由于墓葬存在被盗现象，出土遗物并不丰富，主要有陶器、铁器等。

7月11日，湖北省文物事业管理局、省三峡工程移民开发局组织召开了“湖北三峡库区地面文物迁建项目设计方案评审会”。会议由省文化厅副厅长、省文物事业管理局局长沈海宁主持，评审专家组由湖北省建设厅总工程师蔡汝元、国务院三峡建委移民开发局博士韩一兵、武汉大学建筑系教授黄树业、湖北省文管会研究员孙启康、省文物事业管理局副研究员祝建华组成。此次评审会对宜昌县地面搬迁试点项目望家祠堂的设计方案进行了评审。

8月1日，湖北省文物事业管理局三峡办委托秭归县屈原纪念馆承担秭归县彭树元老屋的拆迁工程。

9月10日，湖北省文物事业管理局三峡办委托河南省古代建筑保护研究所承担秭归县江渎庙、郑绍年老屋、屈子桥搬迁保护工程设计工作。

9月12日，湖北省文物事业管理局、省三峡工程移民开发局、秭归县政府在武汉组织召开“秭归县屈原祠、新滩民居群搬迁保护工作会议”，就秭归县屈原祠、新滩民居群等地面文物建筑的搬迁保护问题进行了专题研讨和部署。会议由湖北省文化厅副厅长、省文物事业管理局局长沈海宁主持，国务院三峡建委移民

拆除现场

脊饰装箱

秭归新滩民居

开发局规划司副司长邓一章到会讲话，参加会议的有湖北省文管会研究员胡美洲、省文物事业管理局文物处处长黄传懿、三峡办主任陈振裕、副主任王风竹、省三峡工程移民开发局二处处长郑自康、秭归县县委常委、常务副县长郑之德、县文化局局长梅德民、县移民局局长田兵、县城建局副局长黄万隽、县屈原纪念馆馆长梅云来。

秭归官庄坪遗址

9月12日，湖北省文物事业管理局结合秭归官庄坪遗址的发掘举办“三峡田野考古培训班”，挑选全省文博单位的业务人员40人进行培训。国务院三峡办、湖北省文化厅、省文物事业管理局、省三峡工程移民开发局、重庆市文物局三峡办以及宜昌市、秭归县政府的领导参加了开学典礼。培训班由湖北省文物考古研究所周国平任教官，采取课堂理论讲授和田野实地发掘的方式。著名考古学家张忠培教授专程为培训班学员和库区工地的文物部门及高校师生授课，学员对官庄坪遗址进行了发掘。学习期间，国务院三峡建委移民开发局副局长宋原生和规划司司长柳地等专程看望了全体学员。

9月15日，湖北省三峡工程移民开发局《关于对省文物事业管理局〈三峡库区2000年第一批文物保护项目经费计划安排的初步意见〉的批复》（鄂峡移财〔2000〕95号），下达2000年度文物保护经费1318.76万元，其中地下文物

三峡田野考古培训班

保护项目经费 740.28 万元，地面文物保护项目经费 558.98 万元，文物工作管理费 19.5 万元。

9 月 18 日，武汉大学考古学系承担了巴东楠木园遗址的发掘，领队余西云、王风竹，发掘面积 1125 平方米。发现六朝时期的建筑基址、灰坑和其他遗迹。通过清理发现新石器时代早期遗存，并命名为“楠木园一期遗存”。

9 月，南京大学历史学系承担了巴东鸽子窝遗址的发掘，领队水涛，发掘面积 347 平方米。出土石器 16 件、陶器 9 件，主要有石斧、刮削器、砍砸器、三棱刮削器等。

9 月，湖北省文物考古研究所承担了巴东大罗围墓地的发掘，领队张昌平，发掘面积 400 平方米。清理墓葬 2 座，出土铜镜 1 件、铜削刀 1 件、铜钱 4 枚以及少量商代陶器。

10 月 5 日，中山大学人类学系承担了巴东黎家沱遗址的第二次发掘，共布方 94 个，布方面积 1443 平方米，实际发掘面积 1037 平方米。发现灰坑 1 个、墓葬 1 个，出土陶器、石器、骨器、铜器等。

10 月 9 日，湖北省三峡工程移民开发局、省文物事业管理局《关于上报湖北省三峡库区 2000 年第二批文物保护项目及相关经费计划的

巴东大罗围墓地

巴东黎家沱遗址

请示》（鄂峡移〔2000〕78 号），上报国务院三峡建委移民开发局 2000 年度第二批文物保护经费 716.89 万元。

10 月 12 日，湖北省文物事业管理局三峡办委托秭归县屈原纪念馆承担秭归县郑书祥老屋的拆迁工程。

10 月 27 日，国务院三峡建委移民开发局《关于湖北省三峡工程库区 2000 年度第二批文物保护项目及相关经费计划请示的批复》（国峡移发规字〔2000〕189 号），下达我省 2000 年度第二批文物保护经费 679.3 万元，其中地面文物保护项目经费 141.23 万元，地下文物保护经费 484.37 万元，文物保护工作管理费 9.7 万元，三峡田野考古培训费 44 万元。

秭归台丘遗址

10 月，天津市历史博物馆承担了秭归台丘遗址的发掘，领队梅鹏云，发掘面积 1525 平方米。发现灰坑 20 多个、灰沟 2 条、墓葬 9 座，出土遗物主要是陶器和石器，陶器主要器形有圈足碗、豆、杯、平底罐、高领罐等，另出土少量铜器、铁器。

10 月，湖北省文物考古研究所承担了巴东福利溪旧石器点的发掘，领队梁柱，发掘面积 500 平方米。出土石器 121 件，其中包括石锤、石斧、网坠、石杵等。

10 月，国家文物局三峡湖北工作站对秭归土地湾遗址进行了第三次发掘，领队王风竹、周国平，工地负责胡文春，发掘面积 1400 平方米。发现灰坑 61 个、灰沟 4 条、房址 1 座、窑址 2 座、瓮棺葬 12 座。

10–12 月，三峡考古田野培训班的 34 名学员参加了秭归官庄坪遗址实习发掘，由中国社会科学院考古研究所研究员高炜、湖北省文管会研究员胡美洲、湖北省文物考古研究所王风竹、周国平具体指导。实习发掘期间，湖北省文物事业管理局局长沈海宁、文物处处长黄传懿、湖北省文物考古研究所研究员陈振裕、王红星、李天元等多次到现场辅导学员。此次发掘面积 1250 平方米，发现灰坑 24 个、灰沟 3 条、

巴东福利溪旧石器点

房基4座、墓葬6座，第一次发现元代遗址。

10–12月，湖北省文物考古研究所承担了秭归东门头遗址的发掘，领队孟华平，发掘面积1300平方米。清理房址7座、沟2条、窑4座、墓葬7座、灰坑4个以及城墙遗迹等，出土各类文物350余件。

11月1日，湖北省文物事业管理局三峡办委托秭归县屈原纪念馆承担秭归县水府庙的拆迁工程。

11月，湖北省文物考古研究所承担了巴东锅铲坪遗址的发掘，领队梁柱，发掘面积200平方米。出土汉代陶瓷器口沿残片等。

11月，宜昌博物馆承担了秭归张家坪遗址的发掘，领队刘继东，发掘面积1000平方米。发现灰坑、灰沟、瓮棺、陶窑、石坎、石路基等，出土遗物以陶器数量最多，还有石器、骨器、铜器和铁器。

11月，湖北省文物考古研究所承担了巴东高桅子遗址的发掘，领队梁柱，发掘面积500平方米。发现灰坑1个、灰沟3条，出土石器、陶器等遗物。

11月，湖北省文物事业管理局组织专家检查年度考古发掘项目工作情况。专家组深入田野考古发掘工地，检查内容包括工作量、工作质量、工地管理情况、三大记录、文物及人员的安全、经费管理等。专家组肯定了各项目单位取得的成绩，对检查中发现的不足之处，提出整改意见，从而有效保障了年度项目工作的质量。

11月，广东省文物考古研究所承担了秭归蟒蛇寨墓群的发掘，领队刘成基，发掘面积2000平方米。清理汉晋墓葬18座，出土汉代遗物229件，包括陶器、瓷器、铜器、铁器、铜钱等。

11月，湖北省文物考古研究所承担了巴东大河坪遗址的发掘，领队梁柱，发掘面积200平方米。出土陶器、青瓷器等。

11月，广西壮族自治区文物工作队承担了巴东西瀼口古墓群的发掘，领队蒋廷瑜。清理汉唐时期古墓葬11座，出土陶器、铜器、银器、

秭归张家坪遗址

铁器及料珠等遗物。

11 月，武汉市文物考古研究所承担了巴东黄家梁子墓地的发掘，领队刘森淼，发掘面积 750 平方米。清理汉代、宋代、明代等时期的墓葬 4 座，由于墓葬早年多被挖毁，残存的随葬品较少。

11 月 30 日，《湖北省文物事业管理局关于三峡库区 2000 年第二批文物保护项目经费计划安排意见的函》（鄂文物〔2000〕第 66 号），依据我省实际情况就 2000 年第二批 22 处地下考古发掘项目和地面 4 处文物保护项目安排和资金计划致函省三峡工程移民开发局。

12 月 2–11 日，国家文物局副局长张柏率领由国务院三峡建委移民开发局规划司副司长邓一章、副处长韩一兵、三峡移民咨询中心办公室主任梁福庆、国家文物局考古处副处长

巴东锅铲坪遗址

秭归蟒蛇寨墓群

巴东大河坪遗址

巴东黄家梁子墓地

关强、故宫博物院教授张忠培、副研究员杨晶、北京大学考古文博学院副教授李水城、徐天进、浙江省文物考古研究所高级工程师黄滋、湖北省文物事业管理局等单位的领导、专家组成的“三峡文物保护工作检查组”检查库区文物保护工作。

12月18日，湖北省三峡工程移民开发局《关于对省文物事业管理局〈关于三峡库区 2000 年第二批文物保护项目经费计划安排意见的函〉的批复》（鄂峡移财〔2000〕177 号），下达 2000 年第二批文物保护经费 679.3 万元，其中地下文物保护项目经费 484.37 万元，地面文物保护项目经费 141.23 万元，文物工作管理费 9.7 万元，培训费 44 万元。

12 月 22 日，湖北省三峡工程移民开发局、省文物事业管理局《关于上报湖北省三峡库区 2001 年度文物保护项目及经费计划的请示》（鄂峡移〔2000〕107 号），上报我省 2001 年度文物保护项目经费 2145.06 万元。

12 月，湖北省文物考古研究所承担了巴东长沱河遗址的发掘，领队梁柱，发掘面积 100 平方米。出土遗物较少，主要有陶器和少量石器及兽骨等。

国家文物局、国务院三峡建委移民开发局检查秭归东门头遗址

国家文物局、国务院三峡建委移民开发局检查
秭归官庄坪遗址

国家文物局、国务院三峡建委移民开发局
检查秭归江渎庙

12 月，湖北省文物考古研究所承担了巴东茅寨子湾墓地的发掘，领队梁柱，发掘面积 200 平方米。该墓地破坏严重，清理时仅发现 1 件残鸡首壶。

12 月，湖北省文物考古研究所承担了巴东石柱子遗址的发掘，领队梁柱，发掘面积 100 平方米。出土遗物主要有石器、少量陶瓷器等。

国家文物局、国务院三峡建委移民开发局检查组
在秭归凤凰山

12月，黑龙江省文物考古研究所承担了巴东西壤口墓群的发掘，领队许永杰，发掘面积1800平方米。清理墓葬7座，出土银环、铜钱、铁器等。

12月，湖北省文物考古研究所承担了巴东四季坪遗址的发掘，领队宋有志，发掘面积2500平方米。出土遗物包括铜器、石器和陶器三类，其中以陶器为大宗。

12月，湖北省文物考古研究所承担了巴东学堂包遗址的发掘，领队宋有志，发掘面积500平方米。发现灰沟3条，出土遗物主要是陶器。

12月，湖北省文物考古研究所承担了巴东长渡河遗址的发掘，领队梁柱，发掘面积100平方米。出土打制石器、磨制石器以及陶器等。

巴东长沱河遗址

巴东西壤口墓群

巴东石柱子遗址

巴东四季坪遗址

巴东学堂包遗址

巴东长渡河遗址

2001 年

1 月 23 日，湖北省文物事业管理局三峡办委托河南省古代建筑保护研究所承担秭归县郑万瞻老屋的拆迁工程。

2–5 月，宜昌博物馆承担了秭归卜庄河墓群的发掘工作，领队卢德佩，发掘面积 3000 平方米。清理墓葬31座，首次发现汉代大型家族墓葬。

2–6 月、9 月，湖北省文物考古研究所对秭归官庄坪遗址进行了第七次发掘，领队王风竹、周国平，发掘面积 6025 平方米。发现灰坑 13 个、灰沟 8 条、墓葬 30 座、房基 1 座、灶坑 17 个、水井 1 个。此次发现了明代墓葬。

3 月，湖北省文物考古研究所承担了巴东鸭子嘴遗址的发掘，领队梁柱，发掘面积 825 平方米。发现墓葬 5 座，出土遗物主要有陶器、铜器、石器以及大量动物骨骼。

3月，湖北省文物考古研究所承担了秭归青草坝遗址的发掘，领队梁柱，发掘面积200平方米。出土少量陶器以及明清瓷器等，少有石器。

3月，武汉大学考古学系承担了巴东旧县坪遗址的发掘，领队王然，发掘面积5500平方米。发现旧县坪遗址包含了从周代到明清各个时期的文化堆积，特别是了解到旧县坪遗址是一处多时期古代县城所在地，尤其是宋代巴东县城遗址保存十分完整，具有重大学术价值。

4月10日，国务院三峡办在北京召开“2001年度三峡库区文物保护计划工作会议”，湖北、重庆两省市的文物、移民部门参加。湖北省文化厅副厅长、省文物事业管理局局长沈海宁、三峡办副主任王风竹、文物处副处长官信、省文物考古研究所所长王红星、省三峡工程移民开发局副局长易正金、规划处处长郑应发等参加了会议。会议进一步明确了2001年三峡库区文物保护的重点任务。

4月21日，湖北省文物事业管理局、省三峡工程移民开发局、秭归县县委召开“秭归县地面文物搬迁保护项目总体规划工作会议”，会议听取了设计单位代表北京建工建筑设计研究院汤羽扬教授对规划详细情况的介绍，与会领导、专家对规划提出了完善和修改意见。省文化厅副厅长、省文物事业管理局局长沈海宁参加会议并提出下一步工作要求。参加会议的有省三峡工程移民开发局规划处处长郑应发、省文管会研究员胡美洲、省文物事业管理局文物处处长黄传懿、省文物事业管理局三峡办副主任王风竹、省文物考古研究所所长王红星、研究员吴晓、北京建工建筑设计研究院教授汤羽扬、秭归县县委书记王万修、副书记黄金龙、县移民局局长田兵、县城建局局长王功平、县文化局局长梅德民等。

秭归青草坝遗址

4月28日，湖北省文物事业管理局三峡办委托河南省古代建筑保护研究所承担秭归县江渎庙拆迁工程。

4月，武汉大学考古学系承担了巴东楠木园遗址的发掘，领队余西云、王风竹，发掘面积2165平方米。发现六朝时期遗存。

4月，湖北省文物考古研究所承担了巴东东瀼口六朝墓地的发掘，领队李桃元。清理墓葬4座，出土青瓷器、陶器、铜器、铁器、玉石器、玻璃器等。

5月9日，湖北省三峡工程移民开发局、省文物事业管理局《关于补报湖北省三峡工程库区2001年度文物保护项目及经费计划的请示》（鄂峡移发〔2001〕52号），向国务院三峡建委移民开发局上报我省2001年度追加文物保护经费计划785.52万元。

5月21日，国务院三峡建委移民开发局《关于对三峡工程湖北库区2001年度文物保护项目及经费计划请示的批复》（国峡移发规字〔2001〕66号），下达我省2001年度文物保护经费1607.48万元，其中地面文物保护经费1114.32万元，地下文物保护经费469.4万元，文物工作管理经费23.76万元。

秭归县地面文物搬迁保护项目总体规划工作会议

5月，宜昌博物馆承担了秭归大梁尾遗址的发掘，领队刘继东，发掘面积525平方米。发现灰坑3个、陶窑1座、墓葬1座，出土石器、陶器、骨器等。

5月，国家文物局三峡湖北工作站承担了秭归土地湾遗址的第四次发掘，领队王风竹、周国平，工地负责胡文春，发掘面积600平方米。发现灰坑13个、瓮棺葬2座。

5月，武汉大学考古学系承担了巴东楠木园遗址的发掘，领队余西云、王风竹，发掘面积2425平方米。发现东汉至六朝时期房屋基址、墓葬、灰坑等。

5月，湖北省文物事业管理局在中国长江三峡工程开发总公司的大力支持下，组织开展了杨家湾老屋环境整治绿化工程和陈列布展工程。通过一系列的维修整治，杨家湾老屋成为三峡坝区一处与现代化三峡建设工程交相辉映的重要人文景观。

6月6日，湖北省文化厅厅长蒋昌忠、副厅长、省文物事业管理局局长沈海宁专门听取三峡文物保护有关情况的汇报。

6月16日，全国人大常委、科教文卫主任委员朱开轩、常委张明远、全国文联副主席高运甲、全国人大科教文卫文化室主任朱兵、国家文物局办公室副主任彭常新等人在湖北省人大副主任吴华品、教科文卫主任委员孙德华、副主任周祖元、省文化厅副厅长、省文物事业管理局局长沈海宁的陪同下视察了三峡文物保护工作情况。

6月26日，《湖北省文物事业管理局对2001年三峡库区第一批文物保护项目及经费计划的安排意见的函》（鄂文物〔2001〕32号），函报我省2001年18处地下文物保护项目及经费计划安排。

6月29日，国务院三峡建委移民开发局组织湖北、重庆及北京等地的文物部门有关专家在北京召开“惊世大抢救——三峡文物保护纪实”电视片专家论证会。参加会议的有国家文物局原副局长黄景略、三峡库区文物保护规划组副组长黄克忠、中国社会科学院考古研究所王仁湘、重庆市文物局副局长王川平、三峡办主任刘豫川、湖北省文物事业管理局综合处处长邢光、三峡办副主任王风竹等。

6月，湖北省文物考古研究所承担了巴东龙船河墓地的发掘，领队宋有志，发掘面积10075平方米。清理墓葬4座，出土随葬品包括陶、铜、铁、石器四类，器类有瓷壶、筒瓦、板瓦、石饰、铁环、铜簪等。

6月，湖北省文物考古研究所承担了秭归卢家沱遗址的发掘，领队梁柱，发掘面积100平方米。出土少量陶器，主要是生活用器和建筑用器。

6月，湖北省文物考古研究所承担了秭归香溪口遗址的发掘，领队梁柱，发掘面积100平方米。出土遗物主要有石器、陶器、瓷器和铜钱等。

维修后的杨家湾老屋

杨家湾老屋陈列布展

6 月，湖北省文物考古研究所承担了秭归乔家坝遗址的发掘，领队孟华平，发掘面积 4400 平方米。发现灰坑 38 个，出土石器、陶器、瓷器及少量铜器。

6 月 -2003 年 1 月，湖北省文物考古研究所承担了巴东罗坪遗址、墓群的发掘，领队杨定爱，发掘面积 6300 平方米。清理汉墓 12 座、宋墓 1 座、房基 10 处、灰坑 80 个、灰沟 27 条、井 7 眼，获得一批周、汉、唐宋、明清时期的文化遗物。

7 月 4 日，国务院三峡建委移民开发局委托中国文物学会组织有关专家对库区地面文物搬迁保护项目（不含白鹤梁题刻、石宝寨、张桓侯庙和屈原祠保护工程）开展单价测算调研工作。

7 月 17 日，湖北省文物考古研究所副所长、湖北省文物事业管理局三峡办副主任王风竹同志被国务院三峡建委评为“三峡工程移民工作先进个人”，受到朱镕基总理和吴邦国副总理的亲切接见。

7 月 31 日，《湖北省文化厅关于省文物事业管理局三峡文物保护工作领导小组及办公室组成人员调整的通知》（鄂文发〔2001〕131 号），调整后的领导小组由湖北省文化厅副厅长、省文物事业管理局局长沈海宁担任组长，副局长王建刚、吴宏堂、省文物考古研究所所长王红星担任副组长，办公室主任由吴宏堂兼任，副主任由邢光、王风竹担任。

秭归卢家沱遗址

秭归香溪口遗址

2001 年 7 月 17 日，朱镕基总理、吴邦国副总理接见三峡工程移民工作先进个人代表。重庆市博物馆刘豫川和湖北省文物事业管理局王凤竹（三排右三）被评为三峡工程移民工作先进个人

7 月，国家文物局三峡考古队编著的考古专题报告《朝天嘴与中堡岛》由文物出版社出版。朝天嘴遗址发现了新石器时代和夏商时期遗存。中堡岛遗址新石器时代遗存内涵丰富，也包含商代文化遗存及宋代墓葬。

8 月 18–26 日，国务院三峡建委移民开发局规划司副司长邓一章带领成都华西审计事务所组成的三峡地下项目审计调研组到湖北，调研湖北库区文物保护经费情况，通过实地调研和抽查审计，了解项目及经费开支情况。

8 月，宜昌博物馆承担了秭归甲沟遗址的发掘，领队刘继东，发掘面积 500 平方米。清理墓葬 2 座，出土瓷器、玉器小件等。

8 月，武汉大学考古学系承担了巴东楠木园遗址的发掘，领队余西云、王风竹，发掘面积 225 平方米。发现东汉至六朝时期遗存。

8–12 月，宜昌博物馆承担了秭归卜庄河墓群的发掘，领队卢德佩，发掘面积 2335 平方米。清理墓葬 16 座。

9 月 7 日，三峡库区地面文物搬迁复建试点项目宜昌望家祠堂和秭归江渎庙复建工程在省

《朝天嘴与中堡岛》专题报告出版

秭归甲沟遗址

秭归县地面总体规划协调会

招投标中心开标，湖北省文化厅监察处、省三峡工程移民开发局、省文物事业管理局、省建设工程招投标办公室领导参加了招投标工程会议，对此项工作进行了监督。中标公司为湖北殷祖古建园林工程有限公司。

9月9日，宜昌博物馆承担了秭归正午溪遗址的发掘，领队刘继东，发掘面积100平方米。发现灰坑1个，出土碗、碟、盘等明清时期遗物。

9月10日，国家文物局组织召开“三峡库区文物保护工作会议”，湖北省文物事业管理局副局长吴宏堂和三峡办副主任王风竹参加会议。国家文物局副局长张柏主持会议，会议就三峡文物保护项目报告出版形式、加快地面文物保护搬迁工作进度、三峡库区文物安全等问题进行了专题研究。参加会议的还有国家文物局文保司司长杨志军、副司长宋新潮、考古处处长关强等。

9月15日，湖北省文化厅副厅长、省文物事业管理局局长沈海宁、副局长吴宏堂到宜昌、秭归就地面文物复建总体规划问题进行协调。

9月15日，湖北省文物事业管理局三峡办委托北京建工建筑设计研究院承担秭归县彭树元老屋、郑万琅老屋、游县长老屋搬迁保护工程的设计工作。

9月19日，湖北省文物事业管理局三峡办副主任邢光、王风竹到宜昌市夷陵区太平溪镇就望家祠堂文物复建施工问题与镇政府有关领导洽商。中标施工方进驻施工现场开展“三通一平”施工。

9月20日，南京大学历史学系承担了巴东孔包河遗址墓葬的发掘，领队水涛，发掘面积1420平方米。清理墓葬13座，出土各类遗物约31件，分别为石、陶、瓷、铜器。

9月20日，湖北省文物考古研究所承担了巴东李家湾遗址的发掘，领队梁柱，发掘面积1025平方米。发现灰坑8个、墓葬4座，出土石器、陶器等。

望家祠堂文物复建施工会议

秭归永家坪遗址

9月，宜昌博物馆承担了秭归永家坪遗址的发掘，领队刘继东，发掘面积100平方米。出土陶器、瓷器等。

9月，宜昌博物馆承担了秭归庙湾遗址的发掘，领队刘继东，发掘面积100平方米。出土石器、陶器等。

10月8日，湖北省文物事业管理局三峡办与国家文物局三峡湖北工作站分开，独立到省文物事业管理局办公。三峡湖北工作站资料全部搬到省文物事业管理局，工作站账目审计后封存，相关管理经费划归省文物事业管理局账上。王风竹同志仍任局三峡办副主任，兼任省文物考古研究所副所长。

10月12日，湖北省文物事业管理局委托河南东方文物建筑监理有限公司全程监理望家祠堂和江渎庙复建工程，监理公司进驻施工现场。这标志着三峡库区地面文物保护项目率先引入监理机制。

10月16日，湖北省三峡工程移民开发局《关于2001年三峡库区文物保护项目第一批经费计划安排的复函》（鄂峡移函〔2001〕29号），下达2001年第一批文物保护经费489.14万元，其中地下文物保护项目经费253.1万元，地面文物保护项目经费212.28万元，文物工作管理费23.76万元。

10月20日，湖北省文物事业管理局三峡办委托河南省古代建筑保护研究所承担秭归县郑绍年老屋、刘正林老屋、杜氏祠堂、王氏宗祠的拆迁工程。

10月20日，湖北省文物事业管理局三峡办委托河南省古代建筑保护研究所承担秭归县郑万瞻老屋、刘正林老屋、杜氏祠堂搬迁保护工程的设计工作。

10月20日，湖北省文物事业管理局三峡办委托河北省古代建筑保护研究所承担秭归县邓永清老屋搬迁保护工程的设计工作。

10月26日，湖北省文物事业管理局向三峡湖北库区四县文化局转发国家文物局《关于进一步加强三峡工程文物安全工作的通知》（文物保函〔2001〕764号），要求各局认真组织学习，按通知要求对文物保管存放场所、考古发掘工地、地面文物拆迁和复建工地的文物和人员安全情况进行对照检查，并将检查和工作落实情况上报。

10月26日，湖北省文物考古研究所原所长陈振裕、省文物事业管理局三峡办副主任王风竹与科学出版社商讨出版三峡文化丛书一事，确定出版定位、框架。

10月27日，湖北省文物事业管理局组织召开望家祠堂复建工程设计方案交底会。省文化厅副厅长、省文物事业管理局局长沈海宁、三峡办副主任邢光、王风竹，设计方河北省古代建筑保护研究所田林、监理方河南东方文物建筑监理有限公司曹利民、施工方湖北殷祖古

望家祠堂复建工程设计方案交底会

建园林工程有限公司蒋寅初参加了会议。会上就望家祠堂复建工程有关设计、施工问题进行了技术交底、沟通。沈海宁要求作为试点的望家祠堂复建工程，各方要通力合作，做成一个样板工程，为今后库区的搬迁复建工程打好坚实的基础。

10月，湖北省文物事业管理局在秭归县举办“田野考古2001”计算机软件培训班，库区各项目承担单位的领队和业务骨干等40余人参加了学习。湖北省库区田野考古工作开始尝试科学化、规范化的管理，为建立三峡文物资料数据库奠定了技术基础。

10月，宜昌博物馆承担了宜昌伍相庙遗址的发掘，领队刘继东，发掘面积100平方米。出土遗物以陶器为主。

10月，广东省文物考古研究所承担了巴东团包遗址的发掘，领队卜工，发掘面积2000平方米。发现灰坑1个、墓葬7座，墓葬出土铜棺饰28件、四耳壶1件、墓志铭2件、“万历通宝”钱13枚、瓷碗3件，以及一些陶器、铜器和骨器等遗物。

10月，黑龙江省文物考古研究所承担了巴东老屋场墓群的发掘，领队许永杰，发掘面积2000平方米。清理墓葬4座，出土陶器、铜器、铁器、钱币、板瓦、筒瓦等100余件。

11月13日，湖北省文物事业管理局副局长吴宏堂、三峡办副主任邢光、王风竹、安全处处长张少山到秭归县进行文物安全检查，对秭归县文物库房、地面文物构件存放地及地面文物复建工地进行全面检查，对存在的问题提出整改意见。

11月18日，国务院三峡建委移民开发局《对〈关于补报湖北省三峡工程库区2001年度文物

“田野考古2001”计算机软件培训班

巴东团包遗址

巴东老屋场墓群

保护项目及经费计划的请示〉的批复》（国峡移发规字〔2001〕183号），下达我省文物保护经费575.95万元，其中2001年第二批考古发掘项目567.44万元，文物工作管理费8.51万元。

11月19日，湖北省文物考古研究所承担了巴东万流遗址的发掘，领队冯小波，发掘面积100平方米。发现房基1处、灰坑2个，出土遗物主要为明清时期的钱币、铜俑、饰件及青花瓷片等。

11月21日，国务院三峡建委移民开发局检查组由副司长邓一章带队到三峡工程湖北库区检查文物保护工作情况。三峡建委移民咨询中心姚启东、湖北省三峡工程移民开发局副局长易正金、规划处副处长肖波、湖北省文物事业管理局三峡办副主任邢光、王风竹及当地县政府领导、文物主管部门领导陪同检查组一行，王风竹代表湖北省文物事业管理局做了三峡工程湖北库区文物保护执行情况的专题汇报，并正式提出屈原祠的保护问题要作为特殊项目对待，不能做一般项目处理的建议。

11月29日，湖北省文化厅副厅长、文物事业管理局局长沈海宁在局三峡办副主任邢光、王风竹陪同下赴宜昌、秭归检查望家祠堂、江渎庙的复建工作，听取了湖北殷祖古建园林工程有限公司、河南东方文物建筑监理有限公司的汇报，对“三通一平”及文物复建原则等提出了明确要求。

11月，厦门大学历史系考古教研室承担了巴东棕杨树槽遗址的第二次考古发掘，领队吴春明，发掘面积2000平方米。发现灰坑2个、墓葬3座，出土陶器和青铜器以及大量绳纹板瓦片等遗物。

12月3日，湖北省文物事业管理局三峡办副主任王风竹、省文物考古研究所周国平、武汉大学余西云、宜昌博物馆馆长王志琦参加了在重庆召开的“三峡历史文化遗产学术研讨会”。研讨会就三峡历史文化遗产进行了学术交流。

12月6–26日，国务院三峡办组织有关专家和人员就三峡库区文物保护总经费测算开展了基础性工作，以原规划报告提供的经费为基础，提出了三峡库区文物保护总经费的测算办法。地下文物考古发掘费，按国务院三峡建委办公会议第25期纪要明确的定额（民工单价静态取6.6元/人·天）执行；地面文物搬迁保护工程经费，按照总经费测算方案的算术平均法进行测算。地面文物搬迁保护项目直接费，按规划组提供的修订报告所确定的项目工程概算总价乘以63.61%；间接费按修订报告取费比例；文物征集费取修订报告提供数额的10%；征地费按修订报告的数额。这是一次关于确定地面文物测算标准的关键会议。参加会议的有国务院三峡办移民安置规划司副司长邓一章、处长韩一兵，湖北省三峡工程移民开发局易正金、郑应发，重庆市移民局欧会书、易江、郭易、李宏、李运祥，湖北省文物事业管理局吴宏堂、三峡办王风竹，重庆市文物局王川平、刘豫川、邵卫东、袁泉等。

巴东万流遗址

巴东棕杨树槽遗址

12 月 15 日，湖北省文物事业管理局三峡办委托河南省古代建筑保护研究所承担秭归县王氏宗祠搬迁保护工程的设计工作。

12 月 23 日，湖北省文物事业管理局副局长吴宏堂在秭归检查文物保护工作期间主持召开了江渎庙搬迁复建工程协调会，工程设计、建设、监理单位及秭归县文化、建设、规划等相关职能部门的负责同志参加了会议，就江渎庙搬迁复建工程及开工过程中的有关问题进行了研究。同时组织江渎庙设计、施工、监理方就江渎庙设计施工图纸进行了会审。

12 月 26 日下午，湖北省三峡工程移民开发局规划处处长郑应发、副处长肖波，省文物事业管理局三峡办副主任王风竹在武汉安华大厦召开工作会议。会议就 2001 年三峡工程湖北库区文物保护工作、2002 年工作计划、经费计划及出版费、统筹费管理办法等进行了专题研究。

12 月 28 日，湖北省三峡工程移民局、省文物事业管理局《关于上报湖北省三峡库区 2002 年度文物保护项目及经费计划的请示》（鄂峡移〔2001〕151 号），向国务院三峡建委移民开发局上报我省 2002 年度经费计划 4072.38 万元。

12 月 29 日，湖北省文物事业管理局、省三峡工程移民局组织召开“三峡工程湖北库区秭归县、巴东县地面文物搬迁保护总体规划评审会”，与会的中南建筑设计院教授级高工高介华、省文管会研究员胡美洲、孙启康、武汉大学建筑学院教授黄树叶、省文物考古研究所研究员陈振裕、吴晓、省三峡工程移民开发局副处长肖波、省文物事业管理局研究员祝建华等领导和专家对规划进行了认真的讨论和评审，会议通过两规划，标志着秭归、巴东两县地面文物搬迁保护进入实质性工作阶段。

12 月，湖北省文物考古研究所承担了秭归砂罐岭遗址的发掘，领队周国平，发掘面积 2500 平方米。清理墓葬 12 座，出土石器、陶器、瓷器、铁器等。

12 月，湖北省文物考古研究所承担了秭归土地湾遗址的发掘，领队周国平，发掘面积 3275 平方米。发现灰坑 176 个、房址 3 座、窑 3 座、沟 12 条和瓮棺 44 座，出土陶器、铁器、铜器和少量石器、骨器。

12 月，武汉大学考古学系承担了巴东楠木园遗址的发掘，领队余西云、王风竹，发掘面积 750 平方米。发现六朝时期遗存。

秭归砂罐岭遗址

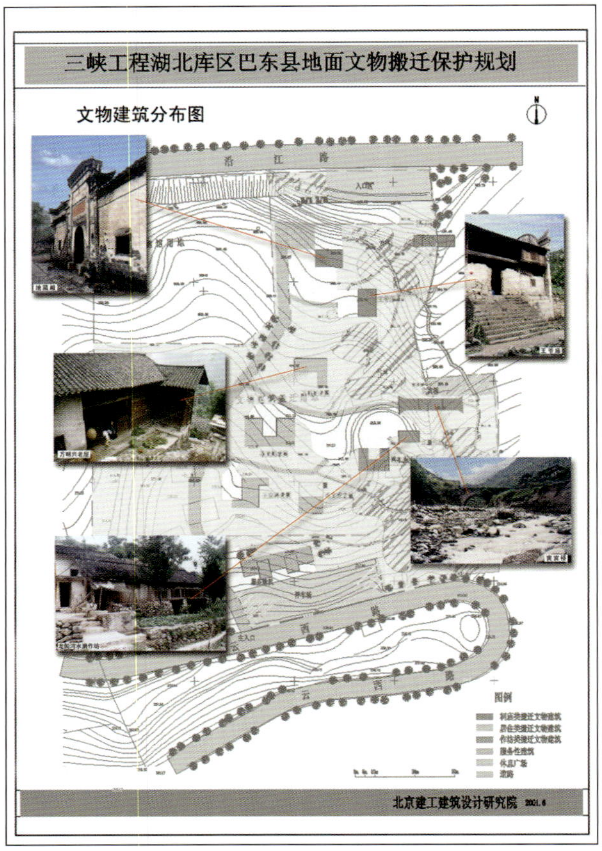

三峡工程湖北库区秭归县、巴东县地面文物搬迁保护总体规划评审会

秭归土地湾遗址

2002 年

2 月 20 日，湖北省文物事业管理局三峡办委托河南省古代建筑保护研究所承担秭归县迎和门、景贤门、屈原故里牌坊、郑启光老屋、邓永清老屋的拆迁工程。

2月20日，湖北省文物事业管理局三峡办委托河南省古代建筑保护研究所承担秭归县郑启光老屋搬迁保护工程的设计工作。

2月25日，湖北省文物事业管理局三峡办副主任王风竹专程赴北京向国务院三峡办移民安置规划司副司长邓一章就湖北库区文物保护工作、屈原祠计划单列及库区文物保护经费切块包干事宜进行了汇报。

2月26日，山东画报出版社先后与徐光冀先生、重庆刘豫川、湖北王风竹联系，准备编写出版介绍三峡工程文物保护工作成果的图书。

2月，湖北省三峡工程移民局委托湖北金地会计师事务有限公司对1997年以来三峡湖北库区官庄坪遗址等125个完成田野发掘工作的项目进行田野工作销号结算审计，湖北省文物事业管理局下发通知，要求各项目单位做好结算工作和相关资料，配合审计公司做好审计工作。

2月，湖北省文物事业管理局根据2002年上报国务院三峡建委湖北库区文物保护项目及经费的情况，在不等、不靠的情况下，组织项目承担单位签订了考古发掘工作意向书，并垫支经费开展发掘工作。

秭归埂子上遗址

3月1日，湖北省文物考古研究所承担了秭归埂子上遗址的发掘，领队黄凤春，发掘面积425平方米。清理墓葬2座，出土陶器、瓷器和铁器等。

3月2日，湖北省文化厅副厅长、省文物事业管理局局长沈海宁在局综合处处长邢光、三峡办副主任王风竹陪同下，赴夷陵区、秭归县检查地面文物试点项目望家祠堂、江渎庙复建工作，就复建工程中存在的问题提出意见。

3月6日，湖北省文物事业管理局三峡办委托山东省文物科技保护中心承担秭归县紫光阁、三老爷老屋、惠济桥、江渎桥、新滩古井搬迁保护工程的设计工作。

3月10日，湖北省文物事业管理局三峡办委托山东省文物科技保护中心承担兴山县陈伯炎老屋、吴翰章老屋搬迁保护工程的设计工作。

3月18日，国务院三峡办移民安置规划司在重庆市召开了三峡库区文物保护总经费测算工作座谈会，向重庆市和湖北省文物、移民部门通报了调研工作的有关情况，会议就库区文物保护总经费测算依据、原则及两种测算的方法进行了讨论，会上各方均认为三峡文物保护任务和经费双包干很有必要，有利于开展工作。屈原祠及重庆三大项不在包干范围内。屈原祠保护方案审批后即可上报，达到设计阶段深度另行研究审批概算。国务院三峡办邓一章、韩一兵，湖北省三峡工程移民开发局易正金、郑应发，省文物事业管理局吴宏堂、王风竹，重庆市文广局王川平、邵卫东，重庆市博物馆刘豫川等参加会议。

3月26日，黑龙江省文物考古研究所承担了秭归老坟园墓群的发掘，领队许永杰，发掘面积5000平方米。清理六朝时期至宋代墓葬24座，出土随葬品170余件。

秭归郑家湾遗址

3 月，宜昌博物馆承担了秭归郑家湾遗址的发掘，领队刘继东，发掘面积 500 平方米。出土陶器和瓷器等。

3 月，宜昌博物馆承担了秭归天登包遗址的发掘，领队卢德佩，发掘面积 1050 平方米。清理墓葬 1 座，出土陶器、瓷器等。

3 月，湖北省文物事业管理局三峡办委托山东省文物科技保护中心承担巴东县毛文甫老屋、顾家老屋、龙船河水磨房复建工程设计工作。

3 月，湖北省文物考古研究所承担了巴东龙堆包墓群的发掘，领队冯少龙，发掘面积 6235 平方米。发现灰坑 1 个、房基 1 座、道路 1 段、墓葬 8 座，出土陶器、瓷器、铁器以及铜钱等。

3 月，广东省文物考古研究所承担了秭归何家大沟遗址的发掘，领队卜工，发掘面积 1675 平方米。清理陶窑 1 座、房基 1 座、灰沟 4 条、墓葬 20 座、灰坑 38 个，出土了一批商周时期、汉六朝时期和宋、元、明、清时期的遗物。

3–6 月，湖北省文物考古研究所承担了秭归官庄坪遗址的第八次发掘，领队周国平，发掘面积 1544 平方米。发现灰坑 1 个、水井 1 个、灰沟 1 条、墓葬 35 座，发现少量石家河文化遗存。

3–7 月，宜昌博物馆承担了秭归卜庄河墓群的发掘工作，领队卢德佩，发掘面积 2550 平方米。清理墓葬 14 座、灰坑 2 个、陶窑 1 座。

3–7 月，武汉大学考古学系承担了巴东楠木园遗址的发掘，领队余西云、王风竹，发掘面积 1375 平方米。发现六朝时期遗存。

秭归天登包遗址

巴东龙堆包墓群

秭归何家大沟遗址

秭归八字门墓群出土文物

秭归八字门墓群

4 月 1 日，科学出版社闫向东来汉与湖北省文物事业管理局洽谈有关三峡文物保护成果出版事宜，就报告开本、装帧、丛书编序达成意向，确定《湖北库区考古报告集》、《秭归庙坪》、《秭归柳林溪》、《秭归何光嘴》、《三峡湖北库区传统建筑》等图书的出版工作。

4 月 7 日，黄石市博物馆承担了秭归八字门墓群的发掘，领队冯少龙，发掘面积 2000 平方米。清理墓葬 23 座，出土各类文物 52 件（不包括铜钱 1775 枚）。

4 月 7 日，湖北省文物事业管理局三峡办委托山东省文物科技保护中心承担秭归县郑书祥老屋、水府庙、千善桥、巴东县寅宾桥、济川桥搬迁保护工程的设计工作。

4 月 12 日，湖北省文物事业管理局三峡办委托秭归县屈原纪念馆承担秭归县紫光阁、三老爷老屋的拆迁工程。

4 月 23 日，受湖北省三峡工程移民开发局委托，湖北金地会计师事务有限公司对三峡工程湖北库区文物保护项目经费进行审计，此次审计涉及 2000 年以前的三峡工程湖北库区 17 个文物保护项目经费的使用情况。

4 月 27 日，湖北省文物事业管理局三峡办副主任王风竹赴重庆参加三峡工程二期蓄水库底清理工作会议。参加会议的有国务院三峡办、国家各有关部委、湖北、重庆库区有关县市的代表。国务院三峡建委副主任郭树言就库底清理问题发表了重要讲话。

4 月 28 日，湖北省文物事业管理局与省三峡工程移民开发局共同主持召开“湖北省三峡库区地面文物项目评审会”。来自中南建筑设计院、武汉大学、湖北省文管会、省三峡工程移民局、省文物考古研究所等单位的专家组成了专家评审组，对河南省古代建筑保护研究所承担的郑绍年、郑万瞻老屋、杜氏祠堂，北京建筑工程学院承担的彭树元、郑万琅老屋搬迁保护设计方案进行了评审。专家组成员仔细审查了设计图纸，听取了设计单位对方案的介绍和说明，进行了仔细的分析，并就有关技术和细节问题进行了讨论，对进一步完善设计方案提出了建议。参加评审会的领导有：湖北省文化厅副厅长、省文物事业管理局局长沈海宁、副局长吴宏堂、文物处处长黄传懿、综合处处长邢光、三峡办副主任王风竹、省文物考古研究所所长王红星、秭归县文化旅游局局长马尚朝、秭归县屈原纪念馆馆长梅云来。

4 月，恩施州博物馆承担了巴东炮台子墓地的发掘，领队邓辉。清理东汉至六朝时期的石室墓 3 座，出土陶器、银环、玻璃饰品等。

4 月，湖北省文物考古研究所承担了巴东万家湾墓地的发掘，领队宋有志，发掘面积 200 平方米。出土陶罐、陶碗、铜铃、铜刀等。

5 月 8–10 日，湖北省文化厅副厅长、省文物事业管理局局长沈海宁、副局长吴宏堂在三峡办副主任王风竹的陪同下，检查了望家祠堂、江渎庙复建工程的情况，就验收前的工作做了部署，并赴兴山县、巴东县实地考察了地面文物搬迁复建用地选址。

巴东炮台子墓地

5 月 16 日，根据国三峡委发办字〔2000〕15 号文的要求，湖北省文物事业管理局向省政府报送《湖北省屈原祠保护方案设计》的请示，省政府审核通过了设计方案并上报国务院三峡办。

5 月 16 日，湖北省文物事业管理局三峡办委托湖北省文物考古研究所承担巴东县毛文甫老屋、龙船河水磨房的拆迁工程。

5 月 22 日，国务院三峡办副主任高金榜到武汉考察文物保护工作情况，同行的有宋原生、韩一兵，湖北省三峡工程移民开发局局长汪元良、处长郑自康、省文物事业管理局三峡办副

文物复建

秭归江渎庙内部

主任王风竹陪同参观了湖北省博物馆、中山舰博物馆。王风竹汇报了近年来三峡工程湖北库区文物保护工作情况。

5月28日，国务院三峡办检查组检查湖北三峡库区文物保护工作情况。

5月28日，徐光冀先生、重庆刘豫川、湖北王风竹与山东画报出版社商谈出版宣传三峡工程文物保护工作阶段性成果的图书《永不逝落的文明——三峡文物抢救纪实》，确定该书由徐光冀先生任主编，俞伟超、黄克忠、王川平、沈海宁任顾问，刘豫川、吴宏堂任副主编，编委会成员：王风竹、王立平、乔梁、刘豫川、邵卫东、邹后曦、吴宏堂、周国平、徐光冀。

5月29日，湖北省建设工程招投标办公室下发《关于同意湖北省文物事业管理局给秭归县地面文物搬迁复建项目承担单位续标的复函》（鄂建招〔2002〕01号），同意承担秭归县江渎庙工程的施工单位湖北殷祖古建园林工程有限公司继续承建郑万琅老屋、郑万瞻老屋、彭树元老屋、杜氏祠堂、郑韶年老屋的复建工程。

5月，湖北省文物考古研究所承担了秭归大幺姑沱遗址的发掘，领队周国平。清理墓葬3座，出土遗物以陶器为主，另有少量瓷器和铜器。

5月，湖北省文物考古研究所承担了秭归小幺姑沱遗址的发掘，领队孟华平，发掘面积597平方米。清理东汉至六朝时期石室墓5座，出土陶俑、瓷器、铜钱等。

5月，武汉大学考古学系承担了巴东陈橡坪墓群的发掘，领队余西云。出土瓷器、陶器、铜器、铁器和铜钱、料珠等。

5月，恩施州博物馆承担了巴东将军滩墓群的发掘，领队邓辉，发掘面积200平方米。出土瓷器、陶器、铜镜等。

6月，宜昌博物馆承担了秭归大沱湾遗址的发掘，领队刘继东，发掘面积500平方米。清理东汉石室墓1座，出土人俑、马俑、陶仓、陶案、耳杯等。

6月11日，湖北省三峡工程移民开发局组织召开了有关三峡工程湖北库区文物保护项目经费审计情况的会议，参加会议的有湖北省三峡工程移民开发局副局长易正金、处长郑应发，省文物事业管理局副局长吴宏堂、三峡办副主任王风竹等。湖北金地会计师事务有限公司李芳全就审计工作做了情况汇报，通过审计明确了今后经费管理的方法。

6月11日，湖北省三峡工程移民开发局《关于安排三峡库区地下文物发掘经费的函》（鄂峡移函〔2002〕12号），下达2002年度地下文物保护项目经费338.39万元。

6月19日，湖北省文物事业管理局组织召开秭归江渎庙、宜昌望家祠堂竣工验收会。以

秭归大沱湾遗址

国家文物局古建筑专家组组长、中国文物学会会长罗哲文教授为验收专家评审组组长，专家组经过认真评审，一致同意通过工程竣工验收。为保证三峡工程湖北库区地面文物建筑搬迁保护的质量，两处试点项目严格实行了业主负责制、工程招投标制、项目监理制。工程采取省文物主管部门主持，地方政府大力支持的管理模式，由相关部门通力协作共同完成，对确保库区文物建筑的拆卸、搬迁、复建的质量和顺利进行起到了很大的促进和保障作用。由此，三峡湖北库区地面文物保护项目41处搬迁复建工程拉开了序幕。验收通过后，随即举行了移交仪式，湖北省文物事业管理局正式将江渎庙、望家祠堂移交秭归县、宜昌市夷陵区文物主管部门保护管理。

6月25日，湖北省文物事业管理局下发《关于加强三峡湖北库区文物保护项目经费管理和开展自查工作的通知》（鄂文物综〔2002〕20号）给各项目承担单位，开展1997年以来三峡湖北库区文物保护项目经费使用情况的检查。

6月25日，湖北省文物事业管理局副局长吴宏堂、三峡办副主任王风竹专程赴北京，同屈原祠设计单位北京建工建筑设计研究院教授汤羽扬一道向国务院三峡办移民安置规划司副司长邓一章汇报屈原祠方案设计、概算等有关问题。

6月，湖北省文物考古研究所承担了巴东竹林湾墓地的发掘，领队宋有志，发掘面积500平方米。清理墓葬1座，出土陶瓮、陶壶、铁刀、钱币、石饰、料珠等。

6月，宜昌博物馆承担了秭归陈家坪遗址的发掘，领队刘继东，发掘面积500平方米。发现灰坑1个，出土陶器和瓷器。

6月，荆州博物馆承担了巴东老茁田墓地的发掘，领队张万高，发掘面积2075平方米。清理墓葬3座，出土五铢、半两等铜钱以及铜镜、铜器盖、铁钩、青瓷碗、釉陶罐和铁刀等。

7月2日，国务院三峡办《关于对三峡工程湖北库区2002年度文物保护项目及经费计划请示的批复》（国三峡办计字〔2002〕77号），下达我省2002年度文物保护经费3206.26万元，其中地面文物保护经费1541.07万元，地下文物保护经费1617.81万元，文物工作管理费47.38万元。

7月8日，湖北省文物事业管理局三峡办副主任王风竹与省三峡工程移民开发局处长郑应

巴东竹林湾墓地

秭归陈家坪遗址

江渎庙、望家祠堂竣工验收

巴东老茖田墓地

发就三峡湖北库区文物保护项目审计过程中存在问题的整改、地面后续工程以及调整委托方式，由省文物事业管理局委托中介机构加强内部审计等工作进行协商。

7月15日，湖北省文物事业管理局正式委托湖北金地会计师事务有限公司就三峡工程湖北库区文物保护项目进行内部审计，目的是为了加强文物保护项目经费使用情况的管理，了解经费使用中存在的问题，并为解决这些问题提供建议，确保三峡工程湖北库区文物保护项目经费的规范管理和有效合理的使用。

7月，湖北省文物考古研究所承担了巴东茅寨子湾遗址的第二次发掘，领队杨权喜，发掘面积1500平方米。发现遗迹有灰坑、墓葬，出土石器、陶器、铜器、铁器、骨器等。

7月，长江水利委员会编著的《宜昌路家河——长江三峡考古发掘报告》由科学出版社出版。该报告全面介绍了湖北宜昌路家河遗址的发掘成果，包括地理环境、文化堆积、遗址中所包含的七大时期出土遗物，以及发掘者对这一批全新资料的认识和理解。

8月12日，湖北省文物事业管理局三峡办委托湖北省文物考古研究所承担秭归县千善桥、巴东县寅宾桥、济川桥的拆迁工程。

8月，根据国务院三峡办批复下达的2002年湖北库区文物保护项目和经费计划，湖北省文物事业管理局与各项目承担单位签订了37个项

巴东茅寨子湾遗址

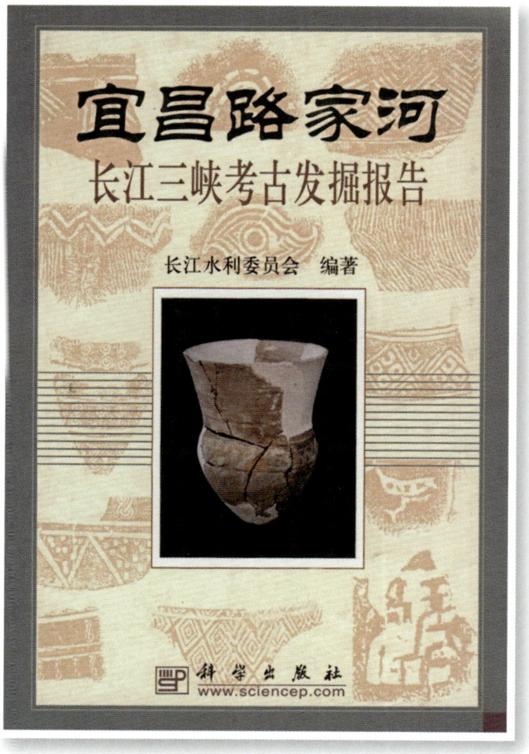

《宜昌路家河——长江三峡考古发掘报告》
专题报告出版

目的工作协议，涉及勘探面积 191000 平方米，发掘面积63000平方米，年内全部完成田野工作。

8月，宜昌博物馆承担了秭归卜庄河墓群的发掘，重点清理 135 米水位线下墓葬，领队卢德佩，发掘面积 7100 平方米。清理墓葬 12 座、灰坑 21 个、灰沟 1 条。

9 月 2–4 日，湖北省文化厅厅长蒋昌忠、副厅长、省文物事业管理局局长沈海宁、副局长吴宏堂一行，深入三峡湖北库区检查文物保护工作。厅局领导先后考察了望家祠堂、杨家湾老屋、江渎庙、郑绍年老屋等 9 处地面文物复建项目和巴东旧县坪遗址等地下考古发掘工地，听取了巴东旧县坪遗址发掘工作汇报和巴东县政府关于做好文物保护工作的情况汇报。厅局领导对前一阶段的工作给予了充分肯定并提出了要求。

9 月 3 日，湖北省三峡工程移民开发局《关于湖北省三峡库区 2002 年度文物保护项目经费安排的函》（鄂峡移函〔2002〕26 号），下达 2002 年度文物保护经费 391.91 万元，其中地下文物保护项目经费 147.07 万元，地面文物保护项目经费 197.46 万元，文物工作管理费 47.38 万元。

9 月 3 日，为及时总结经验，鼓励广大文物工作者以更加饱满的热情投入到三峡库区文物保护工作中，确保我省库区文物保护工作的顺利完成，湖北省人事厅、省文化厅、省三峡工程移民开发局联合下发《关于开展湖北省三峡库区文物保护工作先进集体和先进个人评选表

巴东寅宾桥

巴东济川桥

彰工作的通知》（鄂人公奖〔2002〕55 号）。

9 月 13–19 日，湖北省文物事业管理局组织有关人员开展了库区 135 米水位线以下地面和地下文物点的自查自检工作，确保 2003 年 6 月前完成 135 米线下的文物保护工作。

9 月 18 日，湖北省三峡工程移民开发局《关于安排三峡库区秭归县杜氏祠堂、郑万琅老屋、郑万瞻老屋、郑韶年老屋、彭树元老屋等文物复建项目建设经费的函》（鄂峡移函〔2002〕31 号），下达 5 处地面文物复建经费 250 万元。

9 月 20 日，黄石市博物馆承担了秭归何家坪遗址的发掘，领队孟华平，发掘面积 1425 平方米。清理墓葬 11 座，出土瓷器、铜器等。

9 月 28 日，湖北省文物事业管理局组织召开了三峡库区兴山（陈伯炎、吴翰章老屋）、巴东（顾家老屋、毛文甫老屋、济川桥、龙船河水磨坊）两县地面文物搬迁保护项目设计方案专家评审会，专家组听取了设计单位山东省文物科技保护中心对项目设计情况的介绍，认真审核了设计图纸，形成了专家审核意见。

9 月，荆门市博物馆承担了秭归马槽岭遗址的发掘，领队冯少龙，发掘面积 975 平方米。出土石器、陶器、瓷器等。

秭归何家坪遗址

地面文物搬迁保护项目设计方案专家评审会

9 月，湖北省博物馆承担了秭归李家街遗址的发掘，领队院文清，发掘面积 2500 平方米。清理房址、道路、墓葬、灰坑等遗迹，出土陶器、瓷器等。

9 月，宜昌博物馆承担了秭归塔子沟遗址的发掘，领队刘继东，发掘面积 500 平方米。清理墓葬 2 座、铁器作坊 1 处，出土陶器、瓷器、铁器等。

9 月，岳阳市文物考古研究所承担了巴东人家坪遗址的发掘，领队郭胜斌，发掘面积 2100 平方米。清理墓葬 3 座，出土陶器、瓷器、石器、铁器、青铜器等。

9 月，咸宁市博物馆承担了秭归胜利街遗址的发掘，领队黄凤春，发掘面积 1000 平方米。

秭归李家街遗址

秭归塔子沟遗址

清理墓葬 1 座、沟 1 条、灰坑 1 个、明清垒石墙 4 条，出土陶器、瓷器、铜器、银器和玻璃器等。

9 月，湖北省文物考古研究所承担了巴东孔包墓地的发掘，领队冯少龙，发掘面积 10000 平方米。清理墓葬 43 座、窑 1 座，出土陶器、瓷器、金器、银器、铜器、铁器、骨器、料珠、玻璃器等文物 260 余件。

9 月，荆州博物馆承担了巴东四季坪遗址的第四次发掘，领队张万高，发掘面积 2500 平方米。发现灰坑 1 个，出土石器、陶器。

9–11 月，湖北省文物考古研究所承担了秭归东门头遗址的发掘，领队孟华平，发掘面积 5500 平方米。清理房址 16 座、灰坑 1 个以及城墙遗迹等，出土各类遗物 150 余件。

10 月 9 日，湖北省文物事业管理局邀请国家文物局专家和省内领导、专家到巴东旧县坪遗址考古发掘现场检查、指导工作。

10 月 17 日，为加强对三峡工程文物保护工作的规范管理，湖北省文物事业管理局下发《关于印发〈湖北省三峡工程淹没区及迁建区文物保护管理暂行办法〉》的通知》（鄂文物综〔2002〕44 号）。

10 月 28 日，湖北省人民政府办公厅致函国务院三峡办，“同意地下文物考古发掘经费按国务院三峡建委办公会议第 25 期纪要明确的定额执行”，“地面文物保护经费按规划概算计列”。中国国际工程咨询公司受国务院三峡办委托，组织文物、工程、经费等 10 多位专家，本着“独立、公正、科学、可靠”的原则对《三峡工程库区地面文物搬迁保护项目经费测算办法》进行了论证。

10 月 29 日，宜昌博物馆承担了秭归缆子杆遗址的发掘，领队刘继东，发掘面积 200 平方米。出土石斧、锛、杵和陶罐、豆等。

10 月 29 日上午，国务院总理、国务院三峡工程建设委员会主任朱镕基主持召开国务院三峡工程建设委员会第十一次会议，国务院副

秭归胜利街遗址

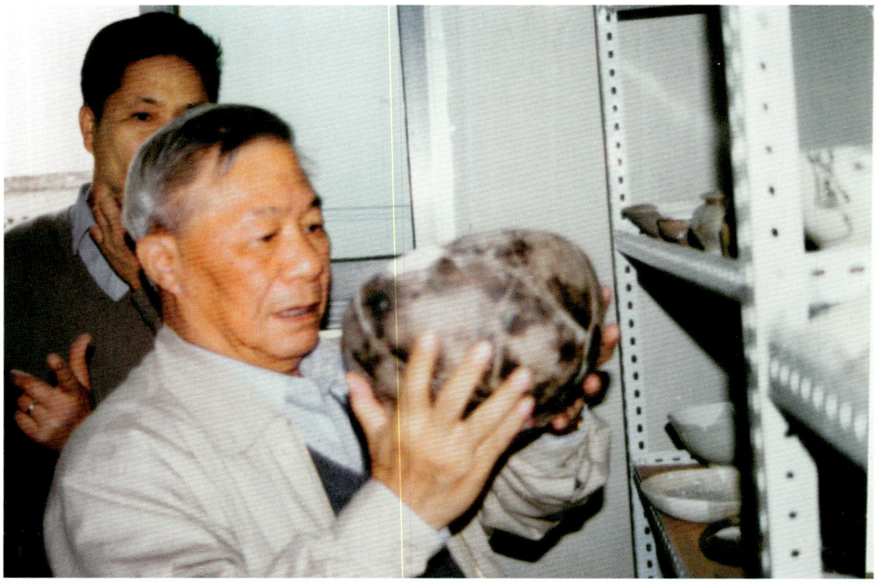

张忌培先生检查巴东旧县坪遗址

国家文物局专家和省内领导、专家到巴东旧县坪遗址考古发掘现场检查、指导工作

秭归缆子杆遗址

总理、国务院三峡建设委员会副主任吴邦国，国务院三峡工程建设委员会委员以及全国政协副主席、三峡工程质量检查组组长钱正英，两院院士、副组长张光斗出席了会议，国务院有关部门的负责同志列席了会议。会议确定“三峡库区文物保护经费问题，原则同意三峡办提出的意见，将核定的总经费切块到湖北、重庆两省市包干使用，由两省市负责组织实施，三峡办和国家文物局负责监督、检查和指导。总经费超过三峡工程建设规划估列的部分，在三峡工程总投资中解决，不列入 400 亿元的移民包干资金中”。

10 月，湖北省文物考古研究所承担了巴东横坪墓群的发掘，领队冯小波，发掘面积 5000 平方米。清理墓葬 1 座、灰坑 1 个，出土石器、陶器、瓷器和少许早期钱币。

10 月，根据核查库区 135 米以下文物项目完成的工作情况，湖北省文物事业管理局向国务院三峡办报送湖北库区地下考古发掘可结项项目情况，并上报了 2002 年第二批文物保护项目及经费计划申请。

10 月底，宜昌博物馆承担了秭归三溪墓群的发掘，领队刘继东，发掘面积 200 平方米。清理墓葬 1 座，出土瓷器、陶器和小件银器。

11 月 5 日，湖北省文物事业管理局《关于报送三峡湖北库区 135 米以下文物点复核情况及 2002 年第二批文物保护项目及经费计划的函》（鄂文物函〔2002〕51 号），报送我省 2002 年第二批文物保护经费计划 561.42 万元。

11 月 12 日，湖北省三峡工程移民开发局《关于安排并拨付 2002 年度三峡库区地下发掘项目经费的函》（鄂峡移函〔2002〕35 号），下达 2002 年地下考古发掘项目经费 365 万元。

11 月 12 日，湖北省人民政府下发《关于公布第四批湖北省文物保护单位的通知》（鄂政发〔2002〕35 号），三峡工程库区的夷陵区望家祠堂、秭归县凤凰山古建筑群、兴山县古

兴山古夫民居

巴东狮子包古建筑群

秭归凤凰山古建筑群

夫民居、巴东县狮子包古建筑群被公布为第四批省保单位。

11 月 12 日，湖北省文物事业管理局三峡办委托秭归县屈原纪念馆承担秭归县屈子桥的拆迁工程。

11 月 20 日，湖北省文物事业管理局三峡办委托秭归县屈原纪念馆承担秭归县新滩古井的拆迁工程。

11 月 27 日，恩施州博物馆承担了巴东链子溪遗址的发掘，领队邓辉，发掘面积 200 平方米。出土部分城背溪文化时期的石器和陶片。

11 月 28 日，国务院三峡办组织湖北省、重庆市移民、文物部门，在北京裕龙大酒店开展三峡库区文物保护经费包干测算工作，形成了三峡工程淹没区及移民迁建区文物保护总经费及切块包干测算报告。

11 月，国务院三峡办和国家文物局组成检查组到湖北库区检查三峡工程文物保护工作，重点检查了巴东旧县坪遗址、秭归东门头明城和秭归凤凰山地面文物复建项目，听取了湖北库区文物保护工作情况的汇报。

巴东旧县坪遗址

秭归东门头宋代归州城址及现存清代民居

巴东雷家坪遗址

11月，吉林大学边疆考古研究中心承担了巴东雷家坪遗址的发掘，领队冯恩学，发掘面积2025平方米。清理墓葬6座，发现商周地层，出土陶器和石器，以及少量青铜鍪、青铜剑、青铜矛等。

11月，咸宁市博物馆承担了秭归望江墓群的发掘，领队孟华平，发掘面积1020平方米。清理墓葬10座，出土陶器、铜器、瓷器等。

11月，咸宁市博物馆承担了秭归窑湾墓地的发掘，领队孟华平，发掘面积1200平方米。清理六朝至明代墓葬42座，出土陶器、瓷器、铜器、玉器等。

12月6日，湖北省三峡工程移民局《关于开展三峡库区地下文物发掘项目田野工作销号结算审计的函》（鄂峡移函〔2002〕40号），委托湖北金地会计师事务有限公司对三峡库区125个完成田野发掘工作的项目进行结算销号审计。

12月12日，湖北省文物事业管理局在秭归县主持召开了“三峡工程湖北库区地面文物搬迁复建工程郑韶年、郑万琅、郑万瞻、彭树元老屋、杜氏宗祠竣工验收会”。参加会议的有秭归县政府、县文化旅游局、县屈原纪念馆等有关单位的负责人。由中南建筑设计院教授级高工高介华、省三峡工程移民局处长郑应发、省文管会研究员胡美洲、孙启康、省文物考古研究所研究员吴晓、省文物事业管理局文物处处长祝建华组成的专家验收组听取了工程施工单位湖北殷祖古建园林工程有限公司对工程建设情况的介绍，实地考察了施工现场，审核了竣工资料，形成了竣工验收意见。

12月15日，恩施州博物馆承担了巴东九红岩化石点的发掘，领队邓辉，发掘面积200平方米。发现零星动物化石。

12月20日，湖北省三峡工程移民开发局《关

秭归县文物复建项目验收

秭归县文物复建项目验收

巴东九红岩化石点

巴东老虎包墓地

于三峡库区望家祠堂、江渎庙两个地面文物复建项目竣工销号的函》（鄂峡移函〔2002〕44号），下达望家祠堂、江渎庙结算经费254.07万元。

12月，黄石市博物馆承担了巴东龙王庙遗址的发掘，领队冯少龙，发掘面积650平方米。出土石器、陶片及铜箭镞等。

12月，湖北省文物考古研究所承担了巴东老虎包墓地的发掘，领队冯少龙，发掘面积500平方米。清理墓葬1座，出土随葬品不多。

12月，根据国务院三峡办关于长江三峡工程二期移民工程验收的要求，湖北省文物事业管理局制定湖北库区文物保护自验工作方案并开展自验工作，完成自验报告，二期验收共涉及文物保护项目254处，其中地下文物保护项目158处，地面文物保护项目96处，已全面完成，并向省长江三峡工程二期移民工程验收委员会提交了自验报告。

2002年，宜昌博物馆承担了秭归卜庄河墓群的第七次发掘，领队卢德佩，发掘面积1175平方米。清理墓葬8座、陶窑2座、灰坑4个，出土大量陶器、石器。

2002年，武汉市文物考古研究所承担了巴东宝塔河古墓群的发掘，领队刘森淼。清理墓葬8座，出土文物40余件、铜钱368枚。

2002–2003年，武汉大学、武汉市文物考古研究所组成联合考古队，承担了巴东旧县坪遗址的发掘，领队王然、邓辉，发掘面积20875平方米。全面揭示了旧县坪遗址宋代巴东县城遗迹。

秭归卜庄河墓群

2003 年

1 月 17 日，湖北省文物事业管理局副局长吴宏堂一行赴三峡库区检查文物安全情况，先后检查了坝区杨家湾老屋的陈列布展情况、凤凰山安全设施及挡土墙工程、巴东旧县坪遗址发掘现场的安全情况。

1 月 26 日，湖北省文物事业管理局下发通知给三峡工程湖北库区四县文物主管部门，加强节日安全保卫工作，加强文物复建区的值班力量，并将采取的安全保卫措施上报湖北省文物事业管理局三峡办。

2 月 28 日，三峡工程湖北库区二期移民验收会议在宜昌召开，全体验收组成员参加大会，会议部署安排了初验工作，并就验收报告形式及内容进行了讨论，3 月 1 日汇报材料汇总，3 月 4 日初验工作结束。此次验收按照抽样检查比例，抽查了地下文物保护项目 40 个，地面文物保护项目 32 个。地下文物保护项目完成了规划任务量勘探面积 289500 平方米，发掘面积 69875 平方米。地面文物保护项目中 21 个搬迁保护项目完成了全部的拆迁任务，7 个项目已完成复建并通过验收，其余 11 个留取资料项目也已全部完成。

巴东旧县坪遗址

2 月，湖北省文物事业管理局在省招投标管理中心办理巴东、兴山两县地面文物搬迁复建项目的相关招标工作，审查参加工程投标的相关单位资质、业绩等情况。按招标工作评标结果确定了中标施工单位，全面启动了库区地面文物保护工作。

2 月，恩施州博物馆承担了巴东官田包墓地的发掘，领队邓辉。清理墓葬 4 座，出土铜带钩、五铢钱、鎏金铜泡等文物。

2–4 月，宜昌博物馆承担了秭归卜庄河墓群的发掘，领队卢德佩，发掘面积 1175 平方米。清理墓葬 16 座、灰坑 24 个、灰沟 1 条、灶坑 2 座。

3 月 6 日，湖北省文物事业管理局三峡办委托山东省文物科技保护中心承担兴山县望山门、巴东县秋风亭、王宗科、李光明、万明兴老屋搬迁保护工程的设计工作。

3 月 15 日，湖北省文物事业管理局接受国家二期移民终验专家验收小组的检查，汇报了二期移民自验、初验工作，并陪同专家验收组实地考察，顺利通过了国家的终验。

3 月 2[illegible] 日，国务院三峡办《关于三峡工程淹没区及移民迁建区文物保护总经费及切块包干测算报告的批复》（国三峡委发办字〔2003〕6号），切块测算结果为1083处项目的静态投资50587.84万元，其中地面12628.66万元，地下35765.39万元；切块包干给湖北11633.17万元，重庆37986.79万元，三峡建委统筹967.88万元（其中文物干部培训费483.94万元，文物综合监理费483.94万元）。张桓侯庙、石宝寨、白鹤梁和屈原祠4处，待省市上报设计概算经组织审核报批后再按项目下达给省市。根据三峡移民资金、任务“双包干”的要求，包干完成相应的文物保护任务。国务院三峡办、国家文物局指导、督促湖北省和重庆市结合本省市实际，建立和完善与“双包干”相适应的文物保护工作管理制度，进一步加强对三峡库区文物保护工作的组织协调、业务指导和监督检查，提高工作水平、质量和资金使用效益，确保完成文物保护任务和文物保护资金使用的安全。

3月，湖北省文化厅副厅长、省文物事业管理局局长沈海宁、副局长吴宏堂组织召开三峡工程湖北库区文物保护工作领导小组会议，通报六年来湖北省文物保护工作成果，研究大坝蓄水前工作部署。

3月，武汉大学考古学系承担了巴东楠木园遗址的发掘，领队余西云、王风竹，发掘面积200平方米。发现商时期遗存。

3–6月，湖北省文物考古研究所承担了秭归官庄坪遗址的第九次发掘，领队周国平，发掘面积6425平方米。发现东周时期墓葬8座。

4月11–13日，一年一度的“全国十大考古新发现”评选活动在北京举行，2002年度全国各地申报参评的考古发掘项目共计23个，其中我省巴东旧县坪遗址被评为“2002年度全国十大考古新发现”。

4月21–22日，湖北省文物事业管理局组织中南建筑设计院教授级高工高介华、武汉大学城建学院教授杨力行、华中科技大学建筑与城市规划学院副教授李晓峰、省文管会研究员胡美洲、孙启康、省文物考古研究所研究员陈振裕等专家对三峡湖北库区地面文物搬迁复建项目（秭归县紫光阁、水府庙、屈原故里牌坊、王氏宗祠、三老爷、郑书祥、郑启光、刘正林老屋、千善桥；巴东县王爷庙、地藏殿、寅宾桥）设计方案进行了评审，专家组听取了河南省古代建筑保护研究所、河北省古代建筑保护研究所、山东省文物科技保护中心等设计单位对设计方案的汇报，认真审阅了设计文本，并形成了评审意见。

4月，湖北省文物事业管理局组织完成《文物天地》三峡库区文物保护专刊的组稿和“三峡文物保护与考古学研究学术研讨会”论文集的组稿工作。

巴东旧县坪遗址被评为“2002年全国十大考古新发现”

巴东旧县坪遗址

地面文物项目评审会

4月，荆州博物馆承担了秭归小幺姑沱遗址的发掘，领队王明钦，发掘面积1075平方米。清理墓葬8座，出土铜器、铁器、石器、陶器、瓷器、料器、角器、骨器和钱币等。

5月8日，湖北省三峡工程移民局《关于三峡库区第一批地下文物发掘项目销号的函》（鄂移函〔2003〕17号），下达审计销号项目结算经费197.37万元。

5月12日，省计委以鄂计社会〔2003〕395号文批复同意建设湖北省三峡文物保护中心，就中心的建设地点、规模、投资做了明确批复，确定了建设用地位置和规模，完成了方案初设。经网上公开招标并经省招标办议定，华中科技大学建筑设计院承担规划方案设计，初设文件已审定通过。

5月31日，秭归县屈原纪念馆承担了秭归兵书宝剑峡悬棺的发掘清理，领队周国平。清理悬棺3座，出土铜器25件，主要包括矛、凿、刻刀、戈、盘、镞等。

5月，湖北省文物事业管理局组织开展秭归、巴东和兴山地面文物复建项目的相关工作，副局长吴宏堂、三峡办副主任王风竹带领设计单位、监理单位和施工单位的技术人员赴秭归、兴山、巴东实地考察复建选址场地，并召开地面文物复建项目设计技术交底会，协调工程复建相关工作。

地面文物复建项目设计技术交底会

秭归庙坪遗址

5 月，湖北省文物事业管理局组织湖北省博物馆开展了巴东旧县坪遗址重要遗存的提取工作。

5 月，《秭归庙坪》由科学出版社出版，湖北省文物考古研究所孟华平、周国平主编。该书全面系统介绍了湖北省秭归县庙坪遗址不同历史时期的文化遗存，重点总结了三峡地区古代文化的发展历程及各阶段的文化特点，是配合三峡工程建设的第一部综合性考古发掘报告。

6 月 2 日，湖北省三峡工程移民局《关于安排三峡库区郑书祥等 12 个地面文物项目复建资金计划的函》（鄂移函〔2003〕20 号），下达地面文物复建项目经费 200 万元。

6 月 6 日，湖北省文物事业管理局三峡办委托兴山县文管所承担兴山县望山门的拆迁工程。

6 月，荆州博物馆承担了巴东雷家坪遗址的发掘，领队张万高，发掘面积 2000 平方米。发现周代地层，清理墓葬 1 座。

7 月，《2003 三峡文物保护与考古学研究学术研讨会论文集》由科学出版社出版，该书收录 38 篇学术论文，对三峡湖北库区多年来开展的考古发掘及文物保护工作做了阶段性汇报，内容涉及文物保护工作的总结和回顾、新石器到宋以后的各种文化现象及文物遗迹的个案分析和综合研究成果。

7 月，《秭归柳林溪》由科学出版社出版，湖北省文物考古研究所王凤竹、周国平主编。该报告发表的新石器时代考古材料进一步丰富和完善了三峡地区特别是湖北段考古学文化序列，是三峡工程湖北考古发掘工作的重要收获。

7 月，《秭归何光嘴》由科学出版社出版，荆州博物馆张万高主编。该报告对研究夏商时期三峡地区考古学文化和生态环境等具有重要参考价值。

7 月，《湖北库区考古报告集》（第一卷）由科学出版社出版。该书收录三峡工程湖北库区 1997–2000 年考古发掘项目简报 43 篇。

7 月，《三峡湖北库区传统建筑》由科学出版社出版，主编沈海宁，副主编吴宏堂、王凤竹、吴晓。该书通过文字、测绘图、照片较为系统、科学地介绍了三峡湖北库区主要文物建筑，展示其分布格局、外在风貌，内部结构、历史和地方特点、人文习俗和艺术成就，并分析了这些文物建筑在长江航运史上的成就。

7 月 22 日，“2003’三峡文物保护与考古学研究学术研讨暨湖北库区文物保护工作表彰会”在三峡工程坝区隆重召开，出席会议的有

《秭归庙坪》专题报告出版

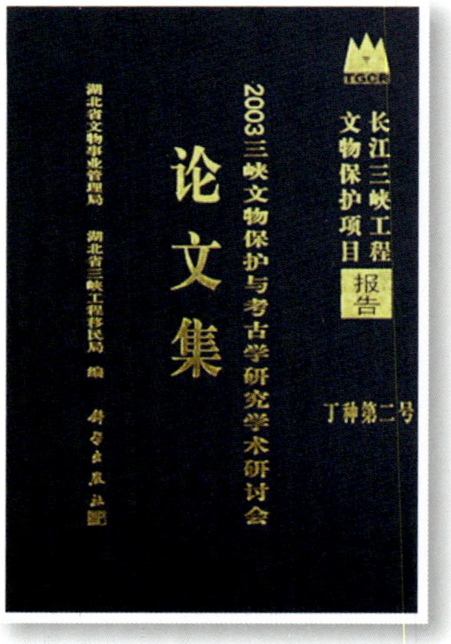

《2003三峡文物保护与考古学研究学术研讨会论文集》出版

《秭归柳林溪》专题报告出版

《秭归何光嘴》专题报告出版

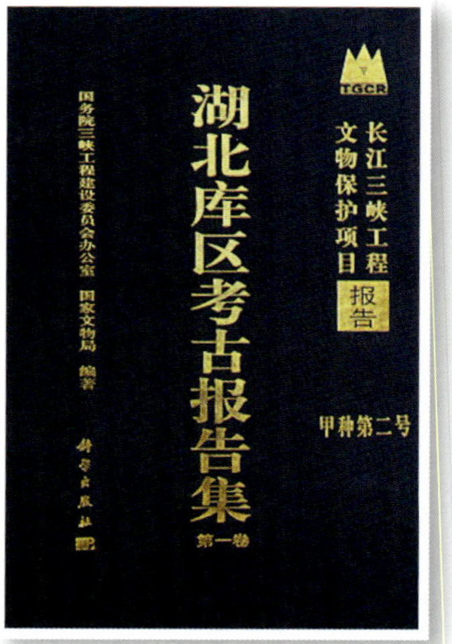

《湖北库区考古报告集》（第一卷）出版

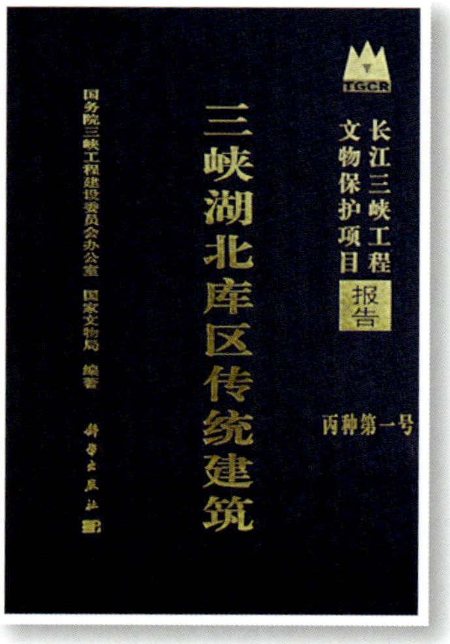

《三峡湖北库区传统建筑》出版

湖北省政协副主席王少阶、国家文物局副局长张柏、文物保护司司长杨志军、国务院三峡办助理巡视员邓一章、湖北省政府副秘书长王国耀、湖北省人事厅巡视员叶善俊、中国考古学会副理事长、故宫博物院研究员张忠培、中国考古学会常务理事徐光冀等领导、专家，全国20多个大专院校、科研院所的领导和专家也参加了此次研讨会。湖北省人事厅、湖北省文化厅、湖北省移民局联合对三峡文物保护先进集体（湖北省文物考古研究所、武汉大学考古学系、南京大学历史学系、秭归县建设局、宜昌博物馆、河南东方文物建筑监理有限公司、湖北省三峡工程移民局、湖北省文物事业管理局）和先进个人（湖北省文物考古研究所陈振裕、孟华平、周国平、宋有志、吴晓；中国长江三峡工程开发总公司建设部潘大中；湖北省文物事业管理局吴宏堂、王风竹；宜昌市夷陵区文体局刘兴民；秭归县屈原纪念馆梅云来；兴山县文管所刘道霖；巴东县博物馆李庆荣；武汉大学考古学系余西云、王然；南京大学历史学系水涛；吉林大学考古学系冯恩学；广东省文物考古研究所刘成基；黑龙江省文物考古研究所赵永军；天津市历史博物馆盛立双；武汉市文物考古研究所邓辉、刘森淼；宜昌博物馆王志琦；荆州博物馆张万高；河南省古代建筑保护研究所高建立；恩施州博物馆朱世学）进行了表彰。此次会议总结了近十年三峡文物保护工作，表彰先进，交流学习，研讨今后工作的重点。

8月19日，湖北省文物事业管理局在武汉

2003' 三峡文物保护与考古学研究学术研讨暨湖北库区文物保护工作表彰会

2003’三峡文物保护与考古学研究学术研讨暨湖北库区文物保护工作表彰会

2003’三峡文物保护与考古学研究学术研讨暨湖北库区文物保护工作表彰会陈列展

主持召开了巴东县地面文物复建工程（一期工程项目包括地藏殿、王爷庙、龙船河水磨坊、毛文甫老屋、顾家老屋）项目的施工图会审会。设计方、施工方及甲方代表就施工图等方面的问题进行了施工前的图纸会审和技术交底，河北省古代建筑保护研究所、山东省文物科技保护中心对承担的项目施工图设计情况进行了说明，并就施工方面的问题与施工方进行了沟通，为复建工作的顺利进行创造了条件。

8月22日，湖北省三峡工程移民局、省文物事业管理局《关于上报湖北省三峡工程库区2003年度文物保护项目及经费计划的请示》（鄂移函〔2003〕87号），上报国务院三峡办2003年度文物保护经费计划985.95万元。

9月23日，湖北省文物事业管理局在武汉主持召开了“湖北省三峡工程库区地面文物搬迁复建项目秭归县游县长老屋、惠济桥、江渎桥、新滩古井；巴东县秋风亭、王宗科、李光明、

巴东地藏殿

巴东龙船河水磨坊

巴东王爷庙

万明兴老屋及兴山县望山门搬迁复建施工设计方案评审会”，来自中南建筑设计院、湖北省文管会、武汉大学城建学院、湖北省文物考古研究所的专家组成了专家组。专家组听取了设计单位北京建工建筑设计研究院、山东省文物科技保护中心对游县长老屋等九处文物建筑的保护及施工设计情况的介绍，对设计文件进行了认真评审，并形成了评审意见。

9月24日，湖北省文物事业管理局在武汉主持召开了“湖北省三峡工程库区地面文物搬迁复建项目秭归县邓永清老屋、迎和门、景贤门、屈子桥搬迁复建施工设计方案评审会”，来自中南建筑设计院、湖北省文管会、武汉大学城建学院、华中科技大学建筑与城市规划学院、湖北省文物考古研究所的专家组成了专家组。专家组听取了设计单位河北省古代建筑保护研究所、河南省古代建筑保护研究所对邓永清老屋等四处文物建筑的保护及施工设计情况的介绍，对设计文件进行了认真评审，并形成了评审意见。

9月25日，湖北省三峡工程移民局《关于通报三峡库区巴东县黎家沱墓群等地下文物发掘项目结项审计情况的函》（鄂移函〔2003〕36号），下达地下考古发掘项目销号审计结算经费109.74万元。

9月25日，湖北省三峡工程移民局《关于预拨三峡库区文物保护与发掘项目经费的函》（鄂移函〔2003〕37号），下达文物保护经费1000万元。

9月27日，湖北省文物事业管理局在秭归县组织召开了秭归县郑书祥、三老爷、刘正林老屋、紫光阁四处地面文物复建工程验收会。参加会议的有湖北省三峡工程移民局、秭归县政府、秭归县文化旅游局、屈原纪念馆等相关部门的领导。由中南建筑设计院教授级高工高

秭归凤凰山紫光阁

秭归凤凰山郑书祥老屋

秭归凤凰山刘正林老屋

介华、武汉大学城建学院教授杨力行、湖北省文管会研究员胡美洲、湖北省文物考古研究所研究员陈振裕、吴晓、湖北省文物事业管理局文物处处长祝建华等专家组成专家验收组。验收组听取了施工、监理单位汇报，实地考察了工程建设情况，认真审核了竣工验收资料，形成竣工验收意见。

9 月 27 日，国务院三峡办《关于下达三峡工程湖北库区 2003 年度文物保护经费计划的通知》，下达我省 2003 年度文物保护经费 985.95 万元，其中地面文物保护经费 209.2 万元，地下文物保护经费 712.92 万元，文物库房费 50 万元，文物保护行管费 13.83 万元。

9 月 28 日，湖北省文物事业管理局三峡办副主任王风竹参加了在宜昌召开的“三峡工程蓄水至 139 米准备工作会议”。国务院三峡办副主任

巴东红庙岭遗址

高金榜、各司司长、湖北省政府王国耀副秘书长、湖北省各厅局及中国长江三峡工程开发总公司的领导参加了会议。会议提高了认识，明确了任务，要求各部门在完成 135 米清库任务的基础上，再接再厉，迅速开展 139 米水位线下清库工作，确定 10 月底完成清库工作，实现 139 米蓄水运行。

9 月，湖北省文物考古研究所承担了巴东孔包河墓地的第二次发掘，领队冯少龙，发掘面积 650 平方米。清理汉至明清墓葬 3 座、水沟 1 条。

9 月，宜昌博物馆承担了秭归卜庄河墓群的发掘，领队卢德佩，发掘面积 925 平方米。清理墓葬 11 座、灰坑 4 个。

9 月，武汉大学考古学系、武汉市文物考古研究所再度对旧县坪遗址 135 米水位线下主体进行了全面揭示，领队王然、邓辉，发掘面积 2500 平方米。完整揭示了遗址宋代城址的整体布局。

10 月 15 日，咸宁市博物馆承担了巴东福利溪墓地的发掘，领队冯少龙，发掘面积 1000 平方米。清理墓葬 2 座，出土钱币、银指环、铜指环等。

11 月，中山大学人类学系承担了巴东雷家坪六朝墓地的发掘，领队郑君雷，发掘面积 2000 平方米。清理六朝墓葬 16 座，出土青瓷小碗、银簪、铜棺饰、五铢等。

11 月，恩施州博物馆承担了巴东张家坟墓群的发掘，领队邓辉，发掘面积 500 平方米。清理墓葬 3 座，出土瓷器、铁器、铜镜等。

11 月，湖北省文物考古研究所承担了巴东红庙岭遗址的第三次发掘，领队林邦存，发掘面积 4070 平方米。清理墓葬 51 座、灰坑 16 个，出土石器、陶器、瓷器、铜器、钱币等。

12 月 3 日，《省文物事业管理局关于报送湖北省三峡工程库区 2004 年文物保护项目及经费计划的函》（鄂文物函〔2003〕70 号），向省三峡工程移民局报送我省 2004 年文物保护经费计划 658.91 万元。

12 月 12 日，湖北省文物事业管理局在秭归县主持召开了秭归县水府庙、游县长老屋等地面文物复建工程项目的施工图会审及技术交底会。设计方、施工方及监理方就施工图等方面的问题进行了施工前的图纸会审和技术交底，对项目设计图纸进行了分析，并就施工图中的具体问题进行了磋商，达成了共识。

12 月 23 日，湖北省文物事业管理局在兴山县联合主持了陈伯炎、吴翰章老屋复建工程竣工验收会。来自武汉大学城建学院教授杨力行、武汉理工大学建筑学院教授李百浩、湖北省文管会研究员胡美洲、孙启康、湖北省文物考古研究所研究员刘跃等专家组成了专家组。专家组踏勘了工程现场，认真审阅了施工、监理记录和竣工资料，听取了施工、监理单位的施工情况介绍，现场检查了工程施工质量，形成了工程竣工验收意见。

兴山吴翰章老屋

12 月，《永不逝落的文明——三峡文物大抢救纪实》由山东画报出版社出版，该书遴选了 34 个主要保护项目，作者都是在一线负责本项目的专家，掌握第一手资料和最新信息。

2003 年冬，荆州博物馆承担了巴东雷家坪遗址的发掘，领队王从礼，发掘面积 2100 平方米。发现房基 1 处、灰坑 3 个、唐代墓葬 1 座，出土陶器、石器等。

兴山陈伯炎老屋

兴山地面文物复建项目竣工验收

2004 年

2 月，宜昌博物馆承担了秭归水田坪遗址的发掘，领队李孝配，发掘面积 500 平方米。出土化石、石器、建筑构件等。

3 月 12 日，湖北省三峡工程移民局《关于预拨三峡库区 2004 年文物保护及其他相关费用经费的函》（鄂移函〔2004〕7 号），下达文物保护经费 1500 万元。

3–7 月，宜昌博物馆承担了秭归卜庄河墓群的发掘，领队卢德佩，发掘面积 2850 平方米。清理墓葬 4 座。

3 月，咸宁市博物馆承担了秭归陶家坡遗址的发掘，领队周国平，发掘面积 1000 平方米。

巴东秋风亭拆迁

秭归水田坪遗址

巴东李光明老屋拆迁

巴东万明兴老屋拆迁

巴东王宗科老屋拆迁

清理墓葬 9 座。

4 月 5 日，湖北省文物事业管理局三峡办委托湖北省文物考古研究所承担巴东县秋风亭、王宗科、李光明、万明兴老屋的拆迁工作。

4 月 9 日，湖北省机构编制委员会为支持三峡工程、南水北调中线工程的文物抢救保护工作，同意在湖北省文物事业管理局文物处加挂“湖北省文物事业管理局三峡（南水北调）文物保护办公室”的牌子（鄂编函〔2004〕30 号），并增加 1 名副处级领导职数。进一步明确其职能为：负责三峡工程湖北库区、南水北调丹江口湖北库区及引江济汉等配套工程和今后省内大型基本建设项目文物保护规划的组织编制、实施；编制实施详规和年度项目经费计划；组织、指导文物保护工程方案的论证、评审；负责项目合同管理、洽谈、项目设计、施工委托、议标、投标工作及项目方案报批、项目工作进展检查、验收工作；履行项目合同规定的其他甲方职责；负责文物保护资料的建档、保管、研究资料的汇总和文物保护工作成果的出版、宣传、展示等工作，协调监督工程项目涉及地区的文物保护、抢救发掘和文物资源的开发利用工作，研究处理基本建设工程项目涉及的文物保护的相关事宜。

5 月，湖北省文物事业管理局召开三峡工程文物保护年度项目安排会，安排湖北省文物考古研究所、宜昌博物馆、荆州博物馆、中山大学、南京大学等 7 个单位分别承担三峡库区 20 个地下项目的 31900 平方米发掘任务。

5 月，咸宁市博物馆承担了兴山平邑口墓群的发掘，领队周国平，发掘面积 1000 平方米。清理墓葬 5 座，出土陶器、瓷器、铁器等。

6 月 4 日，湖北省三峡工程移民局《关于对〈省文物事业管理局关于 2004 年三峡地下考古发掘项目安排意见和计划开展有关课题研究等工作的函〉的复函》（鄂移函〔2004〕20 号），预拨文物保护经费 800 万元。

6 月，荆州博物馆承担了巴东高桅子遗址的发掘，领队王明钦，发掘面积 1000 平方米。发现墓葬 2 座、房基 2 处，出土石器、陶器、瓷器、铜器和铁器。

6 月，黄冈市博物馆承担了巴东宋家榜遗址的发掘，领队吴晓松，发掘面积 2050 平方米。发现灰坑 21 个、灰沟 5 条，出土石器、铜器、陶器、钱币等。

6 月，荆州博物馆承担了巴东杜公祠墓地的发掘，领队王从礼，发掘面积 1000 平方米。清理墓葬 5 座，出土石器、陶器、钱币等。

6–8 月，黄石市博物馆承担了巴东雷家坪遗址的发掘，领队冯少龙，发掘面积 4500 平方米。清理东汉至六朝墓葬 6 座。

兴山平邑口墓群

巴东宋家榜遗址

7月1日，湖北省文物事业管理局、省三峡工程移民局联合主持的“三峡湖北库区秭归县凤凰山复建区环境规划设计评审会”在秭归县召开。来自武汉大学、湖北省文管会、中国长江三峡工程开发总公司、九州绿化公司及秭归县建设局等单位的专家组成了专家评审组。评审组在现场考察的基础上听取了设计单位对规划设计方案的介绍和说明，进行了认真的讨论和评议，形成评审意见。

7月14日，湖北省文物事业管理局副局长吴宏堂、三峡办副主任王风竹与省文物考古研究所有关专家一起全面检查了三峡库区考古发掘工地。听取有关单位的汇报，查验了田野发掘资料、三大记录、文物和人员安全，及时发现问题并提出整改意见。

7月17日，湖北省文物事业管理局组织开展秭归县水府庙、王氏宗祠、郑启光、游县长、邓永清老屋五处搬迁复建工程的验收，在总结经验、加强管理、强化质量意识的基础上，经过多方共同努力，竣工验收时得到了专家的好评，并正式移交当地文物管理部门。

7月27日，湖北省人民政府办公厅对湖北省文化厅《关于上报湖北省秭归县屈原祠重建初步设计方案的请示》（鄂文化文〔2004〕78号）做出批复，同意秭归县屈原祠重建初步设计方案。

考古发掘工地检查

秭归地面文物搬迁复建工程竣工验收

7 月 30 日，湖北省文物事业管理局、省三峡工程移民局、秭归县政府召开了秭归县屈原祠仿古新建工程工作会议，根据屈原祠重建初步方案设计专家评审意见，对屈原祠规划总体布局、结构形制和深度设计等有关问题进行了讨论和研究。

屈原祠协调工作会

7 月，湖北省文物事业管理局组织开展了《秭归凤凰山环境整治工程设计方案》的评审，经过多方征求意见后，设计方案确定并通过专家评审，桥梁、水井和牌坊及道路定位和施工均按规划进行。

7 月，为了提升湖北库区文物保护工作的质量，始终坚持狠抓文物科研工作，湖北省文物事业管理局要求各项目承担单位在结束田野工作后的规定时间内，完成发掘报告的整理和编写工作，并委托《江汉考古》出版三峡专集。

7月，恩施州博物馆承担了巴东孤家岭遗址的发掘，领队邓辉，发掘面积100平方米。清理墓葬1座，出土陶器、板瓦等。

7月，咸宁市博物馆承担了兴山甘家坡遗址的发掘，领队周国平，发掘面积300平方米。清理房址2座、灰坑1个、灰沟1条，出土陶器、瓷器、铁器等。

7月，武汉大学承担了秭归树坪墓群的发掘，领队余西云，发掘面积2100平方米。清理墓葬5座、灰沟1条，出土石器、陶器、铜器、瓷器等。

8月12日，湖北省文物事业管理局对1997年以来拨付给三峡库区四区县文物部门的文物保护经费进行了逐项清理，委托中介机构对经费使用情况进行查账核对、使用监督核查。对经费使用存在的问题，湖北省文物事业管理局下发《关于对三峡工程湖北库区文物保护经费使用进行整改的通知》（鄂文物综〔2004〕44号），提出整改意见，确保文物保护经费的合理规范使用。

8月，接受国务院三峡办和国家文物局专家检查组对库区工地的检查，专家检查组听取了湖北库区156米水位线下文物保护项目工作进度的汇报。并根据国务院三峡办《关于征求三峡水库提前蓄水至156米运行意见的函》和国家文物局意见，完成湖北省库区文物点的工作情况和工作进度的清理、核查，上报国务院三峡办、国家文物局和省政府。

8月，咸宁市博物馆承担了秭归陶家坡墓群的发掘，领队周国平，发掘面积1000平方米。清理墓葬9座，出土石器、陶器、瓷器、铜镜、钱币等。

8–12月，宜昌博物馆承担了秭归卜庄河墓群的发掘，领队卢德佩，发掘面积2380平方米。清理墓葬17座、灰坑20个。

9月24日，湖北省文物事业管理局组织中南建筑设计院、湖北省文管会、华中科技大学建筑与城市规划学院、武汉理工大学建筑学院的专家进行了兴山县望山门搬迁复建设计方案的评审。专家经过认真审查图纸，充分讨论之后，形成了评审意见。

9月，恩施州博物馆承担了巴东上码头墓群的发掘，领队邓辉，发掘面积200平方米。清理墓葬2座，出土陶器、铁器等。

9月，厦门大学承担了秭归天登包墓群的发掘，领队吴春明，发掘面积1033平方米。清理墓葬7座，出土瓷器、银器等。

10月20日，国务院三峡办《关于下达三峡工程湖北库区2004年文物保护经费计划的通知》（国三峡发计字〔2004〕71号），下达我省2004年度文物保护经费658.91万元，其中地下文物保护经费649.17万元，文物保护行管费9.74万元。

10月，受湖北省文物事业管理局的委托，北京建工建筑设计研究院和北京国机方略工程设计顾问公司编制完成了《秭归县屈原祠重建方案初步设计报告》，经湖北省文物事业管理局、省三峡工程移民局组织专家审查后，湖北省人民政府下发《湖北省政府办公厅关于秭归县屈原祠搬迁重建工程初步设计方案的批复》（鄂政办函〔2004〕75号）。

10月，由于凤凰山的地理条件和地质条件所限，为保证文物建筑安全，湖北省文物事业管理局委托秭归县防雷中心完成了16处建筑的避雷设计和施工；委托湖北省鄂西地质工程勘

兴山望山门

察院完成了 6 处高切坡治理工程设计，并将经费预算 800 万元纳入国家关于三峡库区的地质灾害治理项目规划中。

10 月，恩施州博物馆承担了巴东沿渡河墓群的发掘，领队邓辉，发掘面积 100 平方米。清理墓葬 1 座，出土瓷器、陶器、银饰等。

10 月，中山大学承担了巴东王家湾墓群的发掘，领队郭立新，发掘面积 2052 平方米。清理墓葬 10 座，出土陶器、瓷器、铜镜、钱币等。

11 月 25 日，为继续提升三峡工程湖北库区文物保护工作的综合研究水平和总体科研水平，湖北省文物事业管理局下发了《关于在三峡工程湖北库区文物保护工作中进一步开展学术课题研究的通知》(鄂文物发〔2004〕139 号)。

11 月，巴东县地面文物复建由于受移民搬迁制约，完成一栋建筑后被迫停工。湖北省文物事业管理局与巴东县有关领导和文化局多次沟通，反复协调，多方努力，工程于 11 月中旬全面复工。

11 月，恩施州博物馆承担了巴东蔡家包墓地的发掘，领队邓辉，发掘面积 200 平方米。清理墓葬 2 座，出土瓷器、陶器、铁器、银饰等。

12 月 10 日，秭归县屈原祠重要组成部分——屈原墓搬迁工程正式开工，标志着湖北省正式启动了屈原祠的仿古新建工作。

12 月 30 日，湖北省文物事业管理局在兴山组织召开了望山门搬迁复建竣工验收会。由华中科技大学建筑与城市规划学院、武汉大学城建学院、湖北省文管会、湖北省文物考古研究所等单位的专家组成专家验收组。专家组实地察看了望山门复建工程，听取了施工单位、监理单位的情况介绍，经过充分讨论、认真评议，同意通过工程验收。

12 月 31 日，湖北省文物事业管理局组织设计单位对兴山望山门城门楼重新进行设计，增加建筑体量和面积，经专家评审后，施工单位施工建设。同时委托设计单位完成了复建区附属的围墙、场平和绿化整治等项目的设计，并组织施工。

2005年

1月11日，国务院三峡办和国家文物局组织专家检查湖北库区文物保护工作。由湖北省文物事业管理局副局长吴宏堂主持召开了三峡湖北库区文物保护工作汇报会，省文化厅副厅长、省文物事业管理局局长沈海宁做了工作汇报，国务院三峡办移民安置规划司副司长汪晓东、国家文物文保司司长顾玉才、省三峡工程移民局副局长杨德菊及有关专家参加了会议。检查组先后到秭归卜庄河墓群考古发掘工地、归州屈原祠和秭归新县城凤凰山地面文物搬迁复建区，进行了现场检查和指导，参观了宜昌博物馆“三峡湖北库区出土文物陈列”。检查组对湖北库区2004年的文物保护工作给予了肯定，对下一步做好并完善地面文物复建配套工作和加强多学科研究提出了指导性意见。要求湖北库区2005年的工作突出抓课题研究、人员培训、屈原祠等重点，希望湖北在以往工作的基础上继续扎实工作，取得新的成绩。

3月11日，湖北省文物事业管理局、巴东县政府在巴东组织召开了巴东县地面文物复建工程联席会议，省文物事业管理局副局长吴宏堂、三峡办副主任王风竹、文物处处长祝建华、省文物考古研究所研究员吴晓、巴东县政府副县长刘太可、县文体局局长张正兴及有关专家和部门负责人参加了会议。会议听取了巴东县地面文物复建工作情况汇报，对第一期工程有关问题和第二期工程启动进行了讨论研究。

3月17日，湖北省文物事业管理局下发《关于加强三峡工程库区文物保护经费规范管理的通知》（鄂文物综〔2005〕18号），要求各项目承担单位根据审计报告对项目经费使用存在的问题进行整改。

3月31日，湖北省文物事业管理局召开2005年度三峡湖北库区地下文物保护工作会，会议由湖北省文物事业管理局副局长吴宏堂主持，参加会议的有湖北省文化厅副厅长、文物事业管理局局长沈海宁、三峡办副主任王风竹及武汉大学、南京大学、中山大学、厦门大学等高校、省内部分考古发掘单位、库区各县文物部门领导。会议安排落实库区23处地下项目35610平方米考古发掘和85000平方米的考古勘探任务。

3月，湖北省文物事业管理局组织专家进行了兴山地面文物竣工验收，对屋面、木构件、油漆、彩绘等方面进行了检查，要求施工单位按照检查组意见整改到位。对于复建区内的环境整治，要求施工单位确保树木存活率达到100%。根据兴山文物复建区建设规划，兴山县文化局拟开展附属设施工程建设。

3月，为提升湖北库区文物保护工作的质量，坚持狠抓文物科研工作，湖北省文物事业管理局召开会议研究落实相关单位掌握的三峡考古发掘资料的协作整理、综合研究和专题报告的编辑出版工作，通报了组织开展三峡文物保护学术课题研究的进展情况。根据专家评审意见从申报的课题中确定第一批5个课题（三峡古代聚落研究、三峡地区考古与发现、三峡地区史前文化、三峡地区夏商文化研究、三峡库区新滩传统民居研究），签订立项协议开展综合研究工作，其他课题将根据专家评审意见完善

兴山民居群配套建筑

和充实相关内容，达到立项深度后陆续开展。

3月，武汉市文物考古研究所承担了巴东杜公祠墓地的发掘，领队邓辉，发掘面积1050平方米。清理墓葬9座，出土铜钱29枚以及少量瓷器等。

巴东高桅子遗址

3月，鄂州市博物馆承担了巴东高桅子遗址的发掘，领队李文森，发掘面积1000平方米。出土青瓷器、陶器等。

3月，咸宁市博物馆承担了兴山平邑口墓群的发掘，领队司国平，发掘面积2000平方米。清理墓葬9座，出土陶器、瓷器、铜器、玉石器等。

4月16日，湖北省文物事业管理局副局长吴宏堂、三峡办副主任王风竹、北京建筑工程学院教授汤羽扬、湖北省鄂西地质工程勘察院院长庞昌全、秭归县县委常委、宣传部长郑之问、县文化旅游局局长马尚朝、县屈原纪念馆馆长梅云来等到凤凰山文物复建区现场研究落实屈原祠选址地点，开展地勘工作。

4月20日，国务院三峡办移民安置规划司组织召开了屈原祠保护方案工作会议。参加会议的有移民安置规划司司长张韶春、副司长汪晓东、副处长倪莉、湖北省三峡工程移民局副局长杨德菊、省文物事业管理局副局长吴宏堂、三峡办副主任王凤竹及三峡办余萍。会议研究了屈原祠保护方案的有关问题，明确下一步工作，进行屈原祠用地勘探工作，深化设计，方案比选，尽快组织专家评审。

4 月 22 日，湖北省文物事业管理局组织开展秭归第五期江渎桥、惠济桥、屈原故里牌坊等地面文物搬迁复建工程竣工验收。在总结经验、加强管理、强化责任意识、质量意识的基础上，经过建设单位、施工单位和监理单位共同努力，圆满完成了复建工作，再现了原建筑的风貌。竣工验收后移交秭归县文化旅游局。

4 月下旬，国务院三峡办移民安置规划司领导在湖北召开会议，专题研究屈原祠仿古新建工程初步设计的相关工作。湖北省文物事业管理局按照会议精神通知设计单位，要求其尽快完成初步设计，达到概算评审的深度要求。国务院三峡办委托中国国际工程咨询公司审查经费概算。

4 月，根据国三峡委发办字〔2003〕6 号文批复，秭归屈原祠作为计划单列项目采取仿古新建方式建设，湖北省文物事业管理局委托湖北省鄂西地质工程勘察院进行了屈原祠的定位及详勘工作，相关资料提交设计单位并纳入深度设计。

4 月，宜昌博物馆承担了巴东葛藤坪遗址的发掘，领队刘继东，发掘面积 1006 平方米。清理墓葬 4 座，出土石器、陶器、瓷器、钱币等。

4–6 月，宜昌博物馆承担了秭归卜庄河墓群的发掘，领队卢德佩，发掘面积 2717 平方米。清理墓葬 15 座。

5 月，为保证文物建筑的工程质量，湖北省文物事业管理局组织有关专家与秭归县文物局及湖北太岳园林古建工程有限公司联合进行了秭归地面文物复建 1–5 期工程系统检查，提出全面整改意见下达给施工单位，要求按照检查组的意见整改。

巴东店子坪遗址

5 月，宜昌博物馆承担了巴东祠堂包化石点的发掘，领队刘继东，发掘面积 500 平方米。出土有动物化石、陶器、瓷器等。

5 月，黄石市博物馆承担了巴东店子坪遗址的发掘，领队冯少龙，发掘面积 1400 平方米。清理墓葬 3 座，出土铜镜 1 件、银戒指 1 枚、铜钱、耳珰等。

5–8 月，黄石市博物馆承担了巴东雷家坪遗址的发掘，领队冯少龙，发掘面积 3000 平方米。清理六朝墓葬 3 座。

6 月 23 日，湖北省三峡工程移民局组织召开三峡工程湖北库区高切坡治理项目专家评审会，涉及秭归县凤凰山文物复建区 6 处高切坡项目。

6 月，湖北省文物事业管理局下发《关于进一步加强三峡及南水北调工程文物安全工作的通知》（鄂文物综〔2005〕67 号）。

秭归官庄坪遗址

《秭归官庄坪》专题报告出版

《湖北库区考古报告集》
（第二卷）出版

6 月，《秭归官庄坪》由科学出版社出版，湖北省文物考古研究所周国平主编、黄文新副主编。该书总结了三峡地区古代文化的发展历程及各阶段的文化特点，是配合三峡水利枢纽工程建设的一部综合性考古发掘报告。

6 月，《湖北库区考古报告集》（第二卷）由科学出版社出版，本书收录 1997–2000 年三峡湖北库区考古发掘项目简报 36 篇。

6 月，厦门大学承担了巴东七亩地遗址的发掘，领队吴小平，发掘面积 620 平方米。清理墓葬 2 座，出土陶器、瓷器、钱币和铁器等。

6 月，宜昌博物馆承担了兴山邹家岭遗址的发掘，领队刘继东，发掘面积 800 平方米。清理墓葬 3 座，出土陶器、瓷器等。

6 月，厦门大学承担了巴东太极图墓群的发掘，领队吴小平，发掘面积 1034 平方米。清理墓葬 4 座、灰坑 1 个、窑炉 1 座，出土瓷器、陶器、钱币和铜、银饰物等。

6 月，恩施州博物馆承担了巴东慕湾墓群的发掘，领队邓辉，发掘面积 520 平方米。清理墓葬 6 座，出土陶器、瓷器、银器。

6–10 月，宜昌博物馆承担了秭归卜庄河墓群的发掘，领队卢德佩，发掘面积 1730 平方米。清理墓葬 3 座、灰坑 1 个。

7 月 4 日，湖北省文物事业管理局组织召开了“屈原祠初步设计评审会”。参加会议的专家有中南建筑设计院主任工程师、高工聂钢、华中科技大学建筑与城市规划学院教授李晓峰、武汉理工大学建筑学院教授、博导李百浩、湖北省文管会研究员胡美洲。湖北省三峡工程移民局处长郑应发、郝俊涛参加了会议。三峡办副主任王风竹介绍了屈原祠搬迁重建工程初步设计方案，副局长吴宏堂介绍了屈原祠工程情况和评审要求及原则。专家对方案进行了评审，形成了评审意见。

7 月 27 日，湖北省文物事业管理局三峡办副主任王风竹赴北京，与屈原祠仿古新建工程设计单位北京建筑工程学院汤羽扬教授一起就屈原祠仿古新建工程概算向中国国际工程咨询公司、国务院三峡办移民安置规划司副司长汪晓东、副处长倪莉进行专题汇报。

7 月 28 日，湖北省工程咨询公司在武汉主持召开了《三峡文物保护中心建设项目可行性研究报告》评估会。参加会议的有湖北省发展改革委处长陈辉、省文物事业管理局副局长吴宏堂等。会议邀请中南建筑设计院副总工郭和平、高工熊江、武汉市建筑设计院副总工傅胜远、高工欧阳建、湖北省博物馆副馆长万全文等专家。与会专家听取了报告编制单位华中科技大学城市规划设计院的可行性研究汇报，并形成了专家意见。

7 月，湖北省文物事业管理局组织武汉大学、湖北省文物考古研究所、湖北省文管会等单位有关专家全面检查了 2005 年三峡库区考古发掘工地。检查组实地检查了工地现场，听取武汉大学、厦门大学、中山大学和湖北省文物考古研究所、宜昌博物馆、荆州博物馆等项目承担单位的工作汇报，查验了田野发掘资料三大记录，文物和人员安全规章制度和实施情况，发现问题及时提出了整改要求。检查组还对项目单位提出的一些学术问题进行了研究讨论，为项目单位做好下一阶段的发掘任务理清工作思路。

7 月，武汉大学考古学系承担了巴东堰塘湾遗址的发掘，领队余西云，发掘面积 1750 平方米。发现房址 3 座，出土泥质陶盒、瓷器等。

7 月，武汉大学考古学系承担了巴东吴家坝墓地的发掘，领队余西云，发掘面积 500 平方米。清理墓葬 1 座，出土陶器、铜器、银饰等。

8 月 8–10 日，国家文物局局长单霁翔在博

国家文物局局长单霁翔在博物馆与社会文物司司长宋新潮、人事司副司长黄元的陪同下专程调研三峡湖北库区文物保护工作

国家文物局局长单霁翔在宜昌博物馆参观三峡湖北库区出土文物陈列展

国家文物局局长单霁翔在博物馆与社会文物司司长宋新潮、人事司副司长黄元的陪同下专程调研三峡湖北库区文物保护工作

物馆与社会文物司司长宋新潮、人事司副司长黄元的陪同下专程调研三峡湖北库区文物保护工作。单局长一行考察了秭归凤凰山三峡库区地面文物复建项目，参观了“三峡工程湖北库区出土文物陈列展”，听取了湖北省文物事业管理局关于湖北库区三峡文物保护的工作汇报，指出三峡库区地面复建项目是在特殊的条件下进行文物保护的一种尝试，取得了较好的效果，还要在原材料、工艺、环境再现等方面总结经验。他对湖北在三峡文物保护工作中积极主动，管理有序，完成了一大批文物保护研究成果表示充分肯定，并要求继续抓好下一步的工作，圆满完成三峡工程文物保护工作。

8 月 23 日，湖北省三峡工程移民局《关于拨付三峡库区文物保护经费的函》（鄂移函〔2005〕36 号），下达文物保护经费 500 万元。

8 月 27 日，中国国际工程咨询公司在宜昌组织召开“屈原祠仿古新建工程概算审查会”，参加会议的领导有：国务院三峡办移民安置规划司副司长汪晓东、副处长倪莉、中国国际工程咨询公司处长仲伯骏、湖北省三峡工程移民局副局长杨德菊、办公室主任徐腾芳、省文物事业管理局副局长吴宏堂、三峡办副主任王风竹、秭归县县委常委郑之问。专家组成员：中南建筑设计院工程概预算专家、高工龚承隆、主任工程师、高工聂钢、长江勘测设计院教授级高工、处长李学安、建筑处总工、高工胡位钦、注册造价师李凤丽、湖北省文物考古研究所研究员吴晓。专家组听取了设计单位北京建工建筑设计研究院、北京国机方略建筑设计顾问公

巴东文物复建项目验收

司有关屈原祠仿古新建工程初步设计及概算情况的介绍，认真审查了有关设计与概算资料，形成专家评审意见。

8月30日，湖北省文物事业管理局组织中南建筑设计院教授级高工高介华、湖北省文管会研究员胡美洲、孙启康、武汉理工大学建筑学院院长、博导李百浩等专家对巴东县王爷庙、

巴东文物复建区现场办公

地藏殿、顾家老屋等五处复建竣工项目进行了验收，专家认为工程严格按照图纸施工，尽可能地使用原构件，并对添补构件尽可能满足方案的要求，工程质量达到设计要求。巴东县一期地面文物五处复建工程通过了专家验收，验收后将五处建筑正式移交巴东县文体局。

8 月，为保证文物复建区的整体风貌和施工效果的一致性，根据施工单位承担巴东文物复建的工作情况和专家意见，湖北省文物事业管理局将秋风亭、万明兴老屋、王宗科老屋等工程续标给黄石市园林古建工程公司建设。

8月，为保证文物复建区的安全和环境协调，尽快规划落实巴东狮子包文物保护复建区的用地，经局领导现场考察决定文物建设用地围墙，委托相关单位完成了方案设计，组织开展工程建设。

8 月，湖北省文物事业管理局组织屈原祠的设计单位进行施工设计和工程投资细化，开展招投标前期准备工作。和屈原祠互为一体的屈原墓为文物本体，采取搬迁复建保护方式。在设计方案中，屈原墓在总体布局上与屈原祠进行了很好的区域规划。

8 月，恩施州博物馆承担了巴东高桅子墓群的发掘，领队邓辉，发掘面积 540 平方米。清理墓葬 5 座，出土瓷盘口壶、铁刀、瓷罐等。

9 月 26 日，省发改委下达《关于省三峡文物保护中心项目可行性研究报告的批复》（鄂发改社会〔2005〕817 号文），对三峡文物保护中心建设地点、规模、投资等做了批复。

9 月 29 日，中国国际工程咨询公司再次组织专家对《秭归县屈原祠搬迁重建工程初步设计补充报告》（概算部分）进行了评审。评审认为报告编制的原则、依据、定额和费用指标基本符合现行有关规定，并提出了部分调整意见。

9 月，恩施州博物馆承担了巴东万人坑墓群的发掘，领队邓辉，发掘面积 200 平方米。发掘探沟 5 条、墓葬 5 座，出土陶器、铁器、银器等。

9 月，怀化市博物馆承担了巴东吴家坝遗址的发掘，领队陈晓华，发掘面积 1500 平方米。发现房址、窑址、灰坑等遗迹，出土陶器、瓷器、铁器等。

9 月，根据国务院三峡办对 2005 年三峡移民工程稽查报告的批示精神，湖北省文物事业管理局接受国务院三峡建委经费稽查组对三峡库区文物保护经费使用情况稽查，根据要求完成三峡工程库区文物保护经费使用情况的审计摸底工作，在做好自查工作的基础上，上报经费使用情况汇报和有关报表。

9月，基于运用现代技术手段展示长江三峡文物考古的价值和艺术魅力，实现长江三峡文物资源效用的最大化利用目的，湖北省文物事业管理局与华中师范大学合作，进行三峡（湖北段）文物保护成果总体动画展示项目的研究。课题组成员深入三峡库区实地考察，搜集资料，进行脚本的编写和动画模型框架的搭建工作。

10月，湖北省文物事业管理局在武汉举办了“三峡库区文物修复保管人员培训班”。来自三峡工程湖北库区及省内部分市、县博物馆（文管所）30余名学员参加了培训学习。培训班邀请国务院三峡办移民安置规划司副司长汪晓东做了三峡工程文物保护管理的讲座，省博物馆研究员陈中行做了博物馆藏品管理与保护、文物修复与保护等课程系统讲授，武汉大学王然教授做了大型水利工程与文物保护的专题讲座，厅局领导、三峡办负责人做了有关三峡湖北库区文物保护成果与管理的讲座。通过培训，学员们较全面系统地学习了文物修复保管的理论知识，掌握了一些文物保护与修复的实际操作方法，开阔了视野，拓宽了思路，为今后做好三峡库区出土文物修复、保管及逐步实现馆藏文物的规范化、安全化、计算机信息化管理打下了坚实的基础。

11月3日，国务院三峡办《关于下达三峡工程湖北库区2005年度文物保护经费计划的通知》（国三峡办发计字〔2005〕123号），下达我省2005年度文物保护经费2350.34万元，其中文物保护经费2315.61万元，文物保护行管费34.73万元。

11月18日，湖北省文物事业管理局组织召开了“秭归县凤凰山文物复建区高切坡治理抢险工程评标会”，评标小组成员有：中南建筑设计院龚承隆、湖北省文管会胡美洲、省三峡工程移民局郑应发、省文化厅吴方才、中国地质大学王亮清、省文物事业管理局王风竹。经专家评审，中标单位为湖北省地质勘察基础工程公司。

11月25日，国务院三峡办正式下发《关于湖北省秭归县屈原祠仿古新建工程投资概算的批复》（国三峡办发规字〔2005〕129号），核定秭归县屈原祠仿古新建工程投资概算为4926.03万元（2005年价格），其中三峡库区文物保护经费安排3044.43万元（含省级管理费44.55万元）。实行任务资金双包干；其余因扩大规模

巴东吴家坝遗址

三峡库区文物修复保管人员培训班

增加的投资 188.6 万元，由地方自筹解决。

11 月，湖北省文物事业管理局组织施工单位开始屈原墓的搬迁，对编号拆迁的石构件进行清理核对，查看原建筑的图片资料，基础定位，以开展复建工程。

12 月 2 日，《省文物事业管理局关于报送三峡工程湖北库区 2006 年度文物保护项目及经费计划的函》（鄂文物函〔2005〕63 号），向省三峡工程移民局报送 2006 年度文物保护项目经费 3659.29 万元。

12 月 19 日，湖北省文物事业管理局副局长吴宏堂、省文管会研究员胡美洲、孙启康、省文化厅古民居抢救保护中心研究员吴晓、省文物事业管理局三峡办副主任王风竹一行赴兴山、秭归、巴东检查地面文物复建工地。专家听取了项目设计单位、施工单位、监理单位和地方文物主管部门负责同志的汇报，认真察看了文物复建项目的施工、边坡治理施工和安全情况，就地面文物保护情况提出了意见和建议。

12 月，吉林大学承担了巴东雷家坪遗址的发掘，领队冯恩学，发掘面积 1000 平方米。清理灶面 1 处、祭祀坑 1 座，出土石器、陶器、青铜器等。

12 月，咸宁市博物馆承担了秭归陶家坡遗址的发掘，领队周国平，发掘面积 1000 平方米。清理墓葬 37 座。

2005 年，国务院三峡办移民安置规划司为了加强库区文物保护工作，委托中国文物研究所（现中国文化遗产研究院）及长江工程监理咨询有限公司对三峡库区地下、地面文物保护项目进行综合监理。监理单位根据不同蓄水阶段的特点，结合三峡库区文物保护的实际，进行严格监理，极大地促进了三峡库区文物保护质量的提高。其中，在地面文物监理方面，一是跟踪监理库区地面文物保护工程的进展情况；二是调查了解保护工程实施中存在的困难和问题；三是调查了解各阶段蓄水之后地面文物受影响及安全状况；四是跟踪检查保护工程质量控制措施、安全生产措施和质量安全状况；五是汇总分析库区地面文物保护过程中存在的困难和产生原因，并提出综合监理建议，从而确保了三峡文物保护工作的质量。

2006 年

1 月，《巴东楠木园》由科学出版社出版，武汉大学余西云主编。楠木园文化遗存的发现及多学科结合所做的研究是报告的主要内容，以楠木园遗址命名的“楠木园文化”丰富了三峡地区考古学文化。

1 月，《巴东罗坪》由科学出版社出版，湖北省文物考古研究所杨定爱主编。该报告重点总结了周、汉代的文化特点。

1 月，《湖北库区考古报告集》（第三卷）由科学出版社出版，共收录 2002–2003 年湖北库区考古发掘项目简报 30 篇。

《巴东楠木园》专题报告出版

巴东楠木园遗址

《巴东罗坪》专题报告出版

《湖北库区考古报告集》
（第三卷）出版

巴东罗坪遗址

2月5日，湖北省三峡工程移民局《关于安排三峡库区文物保护经费的函》（鄂移函〔2006〕3号），下达文物保护经费800万元。

2月15日，为推进三峡工程库区文物保护工作有序开展，及时掌握工作进度和质量安全情况，确保2006年汛后三峡水库实现156米水位蓄水目标，国务院三峡办移民安置规划司副司长汪晓东、国家文物局文保司副司长柴晓明一行到三峡湖北库区检查文物保护工作。参加检查的专家组成员有徐光冀、乔梁、赵时华。检查组先后到秭归县凤凰山和巴东县狮子包文物复建区进行现场检查和指导，踏勘屈原祠搬迁复建工地，了解工作进展情况。检查组对湖北库区2005年的文物保护工作给予了肯定，对下一步做好地面文物复建配套高切坡防护工程及环境整治工程提出了指导性意见。

3月9日，湖北省文物事业管理局组织召开了“2006年三峡文物保护项目安排会议”，会上三峡办副主任王风竹介绍了2006年文物保护项目情况。为配合三峡工程156米蓄水提出了2006年地下文物保护项目发掘的具体要求。会后与项目承担单位签订了项目协议书。

3月9日，荆州博物馆承担了巴东吴家坝遗址的发掘，领队王明钦，发掘面积2000平方米。清理房址、灰坑、窑址等遗迹，出土石器、陶器、瓷器、铁器、建筑构件等。

3月，潜江市博物馆承担了秭归何家岭、沙包岭墓地的发掘，领队李文森，发掘面积1005平方米。发现灰坑3个、墓葬8座，出土陶器、骨器等，其中包括金箔鸟、滑石猪等精美文物。

3月，恩施州博物馆承担了巴东雷家坪遗址的发掘，领队邓辉，发掘面积1500平方米。清理墓葬7座，出土陶器、瓷器、铜器、铁器、钱币等。

3-7月，宜昌博物馆承担了秭归卜庄河墓群的发掘，领队卢德佩，发掘面积1300平方米。

4月18日，湖北省文物事业管理局组织召开了“秭归县凤凰山环境整治设计方案评审会”。参加会议的有湖北省文化厅副厅长、省文物事业管理局局长沈海宁、副局长吴宏堂、三峡办副主任王风竹、湖北省三峡工程移民局副局长杨德菊、处长郑应发、郝俊涛、秭归县文化旅

秭归凤凰山上看大坝

游局局长马尚朝等相关部门领导。专家组成员：中南建筑设计院工程概预算专家、高工龚承隆，中国地质大学岩土工程系教授刘佑荣、博士胡斌、湖北省文管会研究员胡美洲、湖北省文化厅古民居抢救保护中心研究员吴晓。专家组听取了设计单位秭归县丹阳规划设计事务所对项目审计方案的情况介绍，并查阅了有关设计资料，形成了专家评审意见。

4月20日，武汉市文物考古研究所承担了巴东王家湾遗址的发掘，领队邓辉，发掘面积1505平方米。发掘房址6座、墓葬4座，出土石器、陶器、钱币等。

4月，黄石市博物馆承担了兴山平邑口墓群的发掘，领队冯少龙，发掘面积1200平方米。清理墓葬1座，出土陶器、铜器、钱币等。

5月16日，湖北省文物事业管理局组织武汉大学、省文物考古研究所、省文管会等单位有关专家全面检查了2006年三峡库区考古发掘工地。参加检查的专家有：省文管会研究员胡美洲、省文物考古研究所研究员陈振裕、武汉大学教授陈冰白、省文物考古研究所副所长孟华平、省文物事业管理局三峡办副主任王风竹、湖北省文化厅古民居抢救保护中心研究员吴晓、湖北省三峡库区文物管理中心副主任李劲。检查组在考古工地听取工作汇报，检查田野发掘资料三大记录、文物和人员安全规章制度和实施情况，对存在的问题提出整改要求。通过工地检查，有效地增强了各发掘单位参加三峡文物保护工作的责任感和使命感，提高了考古发掘工作质量，收到很好效果。

5月24日，湖北省文物事业管理局在湖北省招标采购网正式上网发布屈原祠仿古新建工程招标资格预审公告。

5月31日，湖北省文化厅以鄂文党发〔2006〕26号文任命王风竹为湖北省文物事业管理局三峡（南水北调）文物保护办公室主任，湖北省文物事业管理局副局长吴宏堂不再兼任三峡办主任。

5月，襄樊市文物考古研究所承担了巴东吴家坝遗址的发掘，领队王先福，发掘面积1500平方米。清理灰坑、房址、窑址等，出土陶器、瓷器、铜器、铁器等。

6月15日，根据国务院三峡办领导对2005

巴东吴家坝遗址

年度三峡移民工程稽查报告的批示精神及国三峡委发办字〔2006〕14号文件通知，湖北省文物事业管理局按要求认真做好三峡文物稽查资料准备工作，填写基础材料表，接受稽查。稽查组仔细检查了三峡库区文物保护项目1997-2005年度的项目工作进展情况、合同执行情况、资金使用情况、资料档案管理情况，并到秭归、巴东两县实地检查工作。随后就此次稽查工作情况交换了意见。湖北省文物事业管理局对此高度重视，针对稽查组提出的有关问题，迅速组织有关人员进行集中整改，完成《湖北省文物事业管理局关于三峡库区文物保护稽查整改情况的汇报》，分别从整改措施、管理措施、地下、地面文物保护情况说明、经费管理情况等方面做了详细汇报。

6月23日，湖北省移民局在武汉召开“三峡库区三期移民验收工作会议”，湖北省政府副秘书长王国耀主持会议，湖北省验收委员会成员及相关单位领导参加会议，会议就三期移民验收工作进行了动员和安排部署。

6月25日，三峡办稽查组赴秭归实地听取地方文物主管部门的汇报。

6月26日，屈原祠仿古新建工程经过一年多的前期筹备工作，已经完成了立项、报建、征地、用地计划、施工图设计及审图等工作。为加强对该项工程的组织领导，省文物事业管理局经研究决定，成立屈原祠仿古新建工程领导小组，湖北省文化厅副厅长、省文物事业管理局局长沈海宁任组长，省文物事业管理局副巡视员吴宏堂、副局长黎朝斌任副组长，下设办公室，负责日常工作。

6月27日，国务院三峡办稽查组在宜昌召开会议，省文化厅副厅长、省文物事业管理局局长沈海宁、副巡视员吴宏堂、三峡办主任王风竹专程到宜昌参会。会议通报了三峡工程湖北库区文物保护项目稽查工作有关情况，稽查组就稽查中存在的有关问题及整改要求与局领导交换了意见。

6月29日，湖北省文物事业管理局组织召开了屈原祠仿古新建工程招标资格预审会，参加会议的有湖北省文化厅副厅长、省文物事业管理局局长沈海宁、副巡视员吴宏堂、副局长黎朝斌、省文化厅监察室处长吴方才、省文化厅顾问孟祥麟、三峡办主任王风竹、省三峡工程库区文物管理中心副主任李劲。根据招标采购网报名的8家投标单位的资质文件和申请，确定入围单位，进行业绩考察。

6月，秭归凤凰山古建筑群被国务院公布为第六批全国重点文物保护单位（国发〔2006〕19号）。秭归凤凰山古建筑群再现了新滩民居等三峡地区古民居和峡江两岸地面历史建筑的传统风貌，传承了峡江建筑文化，在三峡蓄水后，形成了一批文化底蕴丰厚的新的文物景观，保留了峡江城镇和居住发展的历史印记，延续了峡江地区城市发展的历史脉络，并成为三峡库区文化和旅游经济发展的新的增长点，从而使文物保护与合理利用得到了有机的结合。

秭归凤凰山古建筑群

秭归凤凰山古建筑群

6月，长沙市文物考古研究所承担了巴东吴家坝遗址的发掘，领队何旭红，发掘面积1500平方米。清理房址、灰沟、灰坑等遗迹，出土陶器、瓷器、铁器、钱币等。

6月，怀化市博物馆承担了巴东吴家坝遗址的发掘，领队陈晓华，发掘面积1500平方米。清理房址2座、灰坑9个、墓葬3座，出土石器、陶器、瓷器等。

6月，岳阳市文物考古研究所承担了巴东吴家坝遗址的发掘，领队郭胜斌，发掘面积1500平方米。清理房址、窑址、灰坑等遗迹，出土陶器、铜器、瓷器等。

6月，恩施州博物馆承担了巴东高桅子遗址的发掘，领队邓辉，发掘面积1000平方米。清理墓葬6座，出土陶器、瓷器、铁器、钱币等。

6–7月，黄石市博物馆承担了巴东雷家坪遗址的发掘，领队冯少龙，发掘面积2472平方米。清理战国至明代墓葬9座。

7月10日，湖北省文物事业管理局与华中师范大学合作的课题“三峡（湖北段）文物考古成就总体动画展示项目”更名为“三峡文物大抢救”，并召开专家评议会，参加会议的专家有湖北省文管会研究员胡美洲、省文物考古研究所研究员陈振裕、省文物考古研究所副所长孟华平、武汉大学教授余西云、省文物事业管理局三峡办主任王风竹、华中师范大学科研处处长何静、付才武。专家看完专题片后就课题现有成果提出修改意见。

7月16日，按照文物保护的要求，湖北省文物事业管理局委托华中科技大学建筑与城市规划学院进行了巴东地面文物环境整治方案的设计，进一步对复建区进行环境整治、绿化和道路建设，并组织中南建筑设计院教授级高工高介华、湖北省文管会研究员胡美洲、孙启康、

巴东吴家坝遗址

湖北省文化厅古民居抢救保护中心研究员吴晓等专家对方案进行了评审，形成了专家评审意见。

7月18日，巴东县地面文物复建项目秋风亭、王宗科老屋、万明兴老屋、李光明老屋、寅宾桥和济川桥完成复建施工。湖北省文物事业管理局组织专家验收，专家一致认为6处复建工程在施工中利用传统工艺，依据复原设计图纸要求，较好地保存了原建筑形制和结构，保留了峡江地区古建筑的特点与风貌，符合《文物保护法》和《文物工程修缮管理办法》的有关原则，工程质量较好。验收后将6处建筑正式移交县文体局管理。至此，巴东县11处地面文物复建项目已全面完成。

7月19日，湖北省文物事业管理局在秭归组织召开了迎和门、景贤门复原设计方案的评审会，由中南建筑设计院、湖北省文管会、秭归县建设局、湖北省文物考古研究所等单位专家组成了专家组，专家组听取了设计单位对设

巴东文物复建区环境整治方案评审会

巴东文物复建项目验收

巴东秋风亭

巴东万明兴老屋

计方案的汇报，形成了评审意见。

7月24日，湖北省政府召开“三峡工程湖北库区三期移民工程验收委员会全体会议”，会议由湖北省政府副秘书长王国耀主持，参加会议的有湖北省政府副省长李春明、省移民局局长汪元良、省文化厅副厅长、省文物事业管理局局长沈海宁、三峡办主任王风竹，以及验收委员会成员单位领导。

7月，为确保2006年三峡水库蓄水至156米，在湖北省验收委员会的统一组织下，湖北省文物事业管理局初验工作组分赴库区开展了文物保护项目的初验工作。

7月，湖北省文物事业管理局下发《关于要求三峡文物保护项目承担单位及时上交考古报告（简报）的通知》（鄂文物综〔2006〕72号），明确要求项目承担单位及时上交考古报告（简报），补充做好三峡库区文物原地保护和留取资料归档工作和核查三峡文物保护项目合同款及出具收款发票的工作。通过上述措施，合同执行情况得到进一步加强，同时一些稽查中存在的问题得到及时整改。

8月29日，秭归屈原祠作为三峡工程库区文物保护四大重点项目之一，根据批准的投资概算，湖北省文物事业管理局委托国信招标有限责任公司湖北分公司开展秭归屈原祠招标工作，面向全国双一级（建设部颁发的古建筑一级资质和国家文物局颁发的文物建筑一级资质）企业公开招标，进行业绩考察，确定入围企业。在按照国家规定的招标程序进行评标后，最终确定北京房修二古代建筑工程有限公司中标。随后开展工程监理单位邀标评审会，经专家讨论，确定河南东方文物建筑监理有限公司为工程监理单位。

8月，湖北省文物事业管理局和省移民局在西安联合举办了“三峡库区文物档案管理人员培训班”，来自三峡工程湖北、重庆库区及省内部分市、县文博单位的30余名学员参加了培训。国务院三峡办移民安置规划司领导、局领导以及陕西省考古研究所的有关专家分别讲授

屈原祠效果

屈原祠大殿效果

了三峡工程库区文物保护的收获与思考、馆藏文物保护、国保记录档案编制原则、大遗址保护及文物保护规划编制方法、文物保护单位四有档案建设等课程。此次培训目的是为了充分保护好三峡库区出土文物，建立健全文物档案管理制度，做好出土文物入藏的登记建档和文物保护单位四有档案工作，推动三峡文物保护科研工作深入进行，不断提升三峡文物保护整体水平。通过培训，学员们系统学习了档案建设的理论知识，开阔了视野，启发了思维。

8月，国务院长江三峡库区三期移民工程验收专家组在省内初验成果的基础上进行了验收。验收组对初验结果进行核查，听取初验情况汇报，了解有关项目的实际工作情况和工作进展情况及存在的问题，按照不低于10%的比例对湖北省文物保护项目进行抽样检查，抽样检查了秭归、巴东工作结束后的遗址现场，在秭归和巴东还分别查看地面复建竣工项目的复原现状、建筑工艺、文物安全等方面的情况。同时检查各项资料上交归档情况，包括田野原始记录文字资料、暂存清单、照片、光盘、发掘简报等。通过验收，验收组专家认为，初验报告基本属实，三峡工程湖北库区三期移民工程阶段文物保护任务全面完成，文物保护工作总体评定合格，能够满足长江三峡库区蓄水发电的要求。

9月，为进一步加强三峡工程湖北库区的全国重点及省级文物保护单位的管理，根据《国务院关于核定并公布第六批全国重点文物保护单位的通知》（国发〔2006〕19号）的精神，湖北省文物事业管理局下发《关于加强三峡工程湖北库区全国重点及省级文物保护单位管理工作的通知》（鄂文物综字〔2006〕118号）。

三峡库区文物档案管理人员培训班

9 月，完成凤凰山地面文物复建 1–5 期工程后，由于秭归凤凰山地质条件影响，周边出现多处滑坡和坍塌险情，为保证文物建筑安全，经向国务院三峡建委和湖北省移民局争取，省移民局以鄂移〔2006〕34 号文件核定了凤凰山文物复建区高切坡防护项目投资概算。湖北省文物事业管理局组织有关单位完成了秭归凤凰山文物复建区王氏宗祠、水府庙等 7 处高切坡防护治理工程的设计，并通过招标确定湖北省地质勘察基础工程公司为工程施工单位。在复建区高切坡防护治理、消除安全隐患的同时，考虑到治理工程必须兼顾文物复建区环境的协调，湖北省文物事业管理局组织有关单位完成了高切坡治理项目环境美化设计和概算，并组织开展高切坡美化和绿化工作，以及水电路及环境整治配套工程等工作。10 月，组织对凤凰山高切坡防护工程进行了专家评审验收。

屈原祠开工典礼

屈原祠奠基仪式

10 月 25 日，“三峡文物大抢救”课题汇报会在华中师范大学召开，参加会议的有华中师范大学校长马敏、华中师范大学王玉德、何静、付才武、谈国新、黄尚明等教授、湖北省文化厅副厅长、文物事业管理局局长沈海宁、副巡视员吴宏堂、副局长黎朝斌、三峡办主任王风竹、省文物考古研究所所长王红星、副所长孟华平等。会上观看了成果专题片，专家对课题成果结构、形式和内容等进行了探讨，并提出了修改意见。

11 月 10 日，三峡湖北库区最大的文物保护项目——屈原祠仿古新建工程开工典礼在秭归县凤凰山隆重举行。典礼仪式由湖北省文化厅厅长杜建国主持，国务院三峡办副主任高金榜宣布工程开工。国务院三峡办副主任宋原生、湖北省人民政府副省长李春明、重庆市人民政府副市长谭栖伟、国家文物局文物保护司副司长关强、湖北省移民局局长汪元良、副局长彭承波、省文化厅原巡视员胡美洲、副巡视员吴宏堂以及宜昌市、秭归县有关部门领导出席了开工典礼，并为工程奠基。

11 月 19 日，湖北省文物事业管理局在秭归县组织召开屈原祠仿古新建工程施工图纸交底会。参加会议的有湖北省文物事业管理局副巡视员吴宏堂、三峡办主任王风竹、省三峡工程库区文物管理中心副主任李劲、设计方北京建工建筑设计研究院工程师顾静、施工方北京房修二古代建筑工程有限公司代表、河南东方文物建筑监理有限公司经理牛宁、地方文物管理部门的领导。会议就屈原祠仿古新建工程施工图纸进行了技术交底。

11 月 29 日，湖北省移民局《关于预拨三峡库区文物保护经费的函》（鄂移函〔2006〕70 号），下达文物保护经费 800 万元。

绿树掩映中的秭归凤凰山民居

12 月 1 日，湖北省文物事业管理局与北京房修二古代建筑工程有限公司就屈原祠仿古新建工程的施工合同进行洽商。参加会议的有湖北省文化厅副厅长、文物事业管理局局长沈海宁、副巡视员吴宏堂、三峡办主任王风竹、省三峡工程库区文物管理中心副主任李劲、屈原祠仿古新建工程基建办彭放、北京房修二古代建筑工程有限公司董事长刘建军。

12 月 8 日，国务院三峡办《关于下达湖北省三峡库区 2006 年度文物保护经费计划的通知》（国三峡办发计字〔2006〕134 号），下达我省 2006 年度文物保护经费 3596.15 万元，其中屈原祠仿古新建工程项目经费 2000 万元，文物保护项目项目经费 728.8 万元，文物保护行管费 10.93 万元，文物保护项目结算销号经费 856.42 万元。

《秭归土地湾》专题报告出版

12 月 11 日，武汉市园林局组织召开“秭归县凤凰山景区绿化规划方案”评审会。湖北省文物事业管理局副巡视员吴宏堂、三峡办主任王风竹、秭归县文化旅游局局长马尚朝参加了会议，会议听取了规划单位的汇报，并就文物建筑与绿化相互协调进行了探讨。

12 月，根据国务院三峡办《关于三峡库区文物保护专项稽查的情况报告》（国三峡稽呈〔2006〕2 号）对湖北库区三峡文物保护工程提出的稽查意见，遵照湖北省政府主要领导同志批示精神，湖北省文物事业管理局积极采取了整改措施。从规范档案管理、加强对已完成的地面文物建筑复建项目的维护等方面进行整改，针对复建区文物建筑部分彩绘起皮、掉色等问题，组织项目设计单位和施工单位一并商讨解决方案，完成项目的维护和修复，确保复建文物建筑的质量和安全。

12 月，《秭归土地湾》由科学出版社出版，湖北省文物考古研究所胡文春主编。该书总结了土地湾遗址汉代文化遗存的特点，在研究我国秦汉时期的村落遗址和瓮棺葬，以及三峡库区汉代文化等方面具有重要意义。

2007 年

1 月，《湖北库区考古报告集》（第四卷）由科学出版社出版。沈海宁主编，吴宏堂、王风竹、周国平副主编。该报告共收录 2003–2006 年度湖北库区考古发掘项目简报 32 篇。

1 月，湖北省文物事业管理局会同设计单位北京建筑工程学院和施工单位湖北太岳园林古建工程有限公司、黄石市园林古建工程公司，对秭归凤凰山地面文物建筑复建区和巴东狮子包地面文物复建区内整改情况进行检查，部分建筑彩绘脱落、瓦面松动等问题得到整改，对建筑油漆褪色、开裂等问题责令施工单位限期整改，进一步做好文物建筑保护工作。

2 月 8 日，国务院三峡办监察局副局长夏开良、稽查司司长刘克刚、移民安置规划司副司长汪晓东等一行组成的三峡文物保护稽查工作

《湖北库区考古报告集》（第四卷）出版

地面文物复建项目整改专家检查

三峡文物保护稽查工作

小组在省文物事业管理局副巡视员吴宏堂陪同下赴湖北库区检查三峡文物保护稽查整改工作。检查小组听取了省文物事业管理局关于三峡文物保护稽查整改工作汇报，并现场检查了秭归凤凰山地面文物复建区整改落实情况，对湖北省稽查中出现的问题已得到全面整改表示满意。

2 月底，为确保国家 2007 年三峡提前蓄水到 165 米的要求，湖北省文物事业管理局与武汉大学、武汉市文物考古研究所、荆州博物馆等 20 个项目承担单位签订了考古发掘任务，严格按照协议和田野考古工作规程施工，全面完成了年度 4.05 万平方米的考古发掘任务，为三峡库区全面蓄水提前做好了准备。

3 月 3 日，秭归县屈原纪念馆承担了秭归陶家坡遗址的发掘，领队刘继东，发掘面积 1031 平方米。发现灰坑 1 个、墓葬 5 座，出土陶器、瓷器、玉器以及铜钱等。

3 月 12 日，为及时了解掌握 165 米蓄水相关文物保护项目的进度和质量安全情况，国务院三峡办和国家文物局联合组织开展三峡工程库区文物保护 2007 年情况调研，国务院三峡办移民安置规划司副司长汪晓东、副处长倪莉、国家文物局文物保护司副司长关强、国家文物局考古专家组徐光冀、中国文化遗产研究院乔梁、李宏松、长江工程监理咨询有限公司赵时华、湖北省移民局处长梁今辉、省文物事业管理局三峡办主任王风竹等一行检查调研了三峡湖北库区文物保护工作，重点检查了 165 米蓄水线下考古发掘项目和秭归屈原祠工程建设情况，并听取湖北省文物事业管理局关于三峡湖北库区 165 米蓄水文物保护的工作汇报，检查组专家对我省提前完成 165 米蓄水线下文物保护工作表示充分肯定，并对下一步工作提出了意见和建议。

3 月 14 日，湖北省文物事业管理局主持

165 米蓄水文物保护验收

三峡库区 2007 年项目工作安排会

凤凰山文物复建区环境整治配套工程验收

的“湖北省秭归县凤凰山古建筑群环境整治配套二程”验收会在秭归县召开。中南建筑设计院教授级高工高介华、华中科技大学建筑与城市规划学院教授陈纲纶、湖北省文管会研究员胡美洲、湖北省文化厅古民居抢救保护中心总工吴晓、湖北省鄂西地质工程勘察院工程师翁新龙等组成专家组。专家组在凤凰山古建筑群进行了实地考察，听取了业主单位秭归县文化旅游局对工程的介绍和说明，对工程竣工资料

秭归凤凰山文物复建区

巴东云盘遗址

兴山古夫墓群

进行了认真审阅，经过讨论和评议形成了验收意见。

4 月 18 日，湖北省文物事业管理局召开“三峡库区 2007 年项目工作安排会”，省内相关市县文博单位参加会议。会上湖北省文物事业管理局与 19 个项目承担单位签订了 36000 平方米的考古发掘任务，全面部署 2007 年度湖北省三峡库区考古发掘工作，要求各项目承担单位抓紧时间，认真开展 2007 年度考古发掘工作。

4 月 25 日，湖北省移民局《关于预拨三峡库区文物保护经费的函》（鄂移函〔2007〕026 号），下达文物保护项目经费 500 万元。

4 月 28 日，黄冈市博物馆承担了秭归香溪几处遗址的发掘，领队李桃元，发掘面积 1500 平方米。发现遗迹有灰坑和墓葬，出土陶器、铁器以及五铢铜钱等。

4 月，湖北省文物事业管理局组织完成秭归凤凰山环境整治工程，成效显著。在各级政府的关心和支持下，湖北省文物事业管理局和秭归县政府积极开展工作，在秭归凤凰山环境整治上下大力气，严格按照设计规划施工，完成了周边绿化以及水、电、道路等基础设施建设，组织专家组对凤凰山环境整治工程进行竣工验收，逐步进行古民居内部设施建设和陈列布展工作。整治后的凤凰山古建筑群绿树成荫，环境优美，小道蜿蜒古朴，与传统民居相得益彰，体现出浓郁的峡江风情。凤凰山古建筑群将以独特的风貌成为三峡旅游的一个亮点，也为文物保护管理利用提供新的宝贵经验。

4 月，湖北省文物事业管理局和省移民局联合下发了《湖北省三峡工程文物保护经费使用管理办法（试行）》（鄂文物综〔2007〕31 号）。根据管理办法在项目经费拨付上实行项目及经费安排备案制，严格按协议规定的工作进度拨款。地下考古发掘项目完成协议工作量和提交资料审定合格后，委托审计单位进行工作量和财务收支审计，地面复建工程严格按照建设工

巴东文物复建区

望家祠堂环境整治效果图

望家祠堂

程的基本程序管理，建设期由施工单位提交工程进度报告，由监理单位交监理报告后，组织验收，并由审计单位审计结算，确保资金合理利用。

4 月，鄂州市博物馆承担了秭归大麦沱、王家滩、杨家包、徐家屋场墓地的发掘，领队李桃元，发掘面积 2110 平方米。清理墓葬 14 座，出土青瓷器、釉陶器、滑石器、银器、铁器等 64 件。

4 月，恩施州博物馆承担了巴东王家湾墓群的发掘，领队邓辉，发掘面积 2000 平方米。清理墓葬 38 座，出土陶器、瓷器、铜器、银器、铁器等。

5 月初，宜昌博物馆承担了秭归乌龟包墓群的发掘，领队刘继东，发掘面积 4000 平方米。清理墓葬 36 座，出土陶器、瓷器、铜器、金器以及铜钱等。

5 月 15 日，荆州博物馆承担了巴东孔包墓群的发掘，领队王明钦，发掘面积 1511 平方米。清理墓葬 8 座、灰坑 4 个、灰沟 2 条，出土陶器、铜器、铁器、银器、石器、料器。

5 月 16 日，十堰市博物馆承担了巴东杨家

三峡库区文物保护项目清理审计

包、下滩坪、秦家沱墓地的发掘，领队李文森。清理墓葬9座，出土瓷碗、瓷碟、陶罐、银耳环、铜簪、钱币等。

5月22日，长沙市文物考古研究所承担了秭归王家岭古墓群的发掘，领队何旭红，发掘面积1500平方米。清理墓葬15座，出土陶器、瓷器、滑石器、铜器及铁器等。

5月23日，湖北省文物事业管理局副巡视员吴宏堂、三峡办主任王风竹一行赴巴东县、夷陵区检查文物复建区环境整治工程的进展情况。

5月25日，湖北省文物事业管理局与设计、监理、施工单位及当地文物部门的领导和专家一起检查了屈原祠仿古新建工程施工现场后，组织召开了屈原祠工程协调会。各单位就前阶段工程建设进度及遇到的困难等情况进行了汇报和讨论。

5月，襄樊市文物考古研究所承担了秭归何家坪遗址的发掘，领队王先福，发掘面积1500平方米。发现灰坑3个、墓葬10座，出土石器、陶器、青瓷器、玉石料器和金属器等。

档案室

5月，岳阳市文物考古研究所承担了秭归油厂夏商时期遗址与六朝墓葬的发掘，领队郭胜斌，发掘面积1500平方米。发现商代灰坑1个、六朝墓3座、明代墓6座、清代墓6座，出土各类完整和可复原器物60余件，标本100余件。

5-7月，益阳市文物管理处承担了秭归台子湾墓群的发掘，领队盛定国，发掘面积1516平方米。清理墓葬10座，出土陶器、青瓷器、铜器、铁器、铅器、金银器、料器等。

5月，武汉市盘龙城遗址博物馆承担了巴东红庙岭遗址的发掘，领队刘森淼，发掘面积2180平方米。清理墓葬14座、灰坑5个，出土石器、陶器、骨器、钱币等。

5月，随州市博物馆承担了巴东云盘遗址的发掘，领队孟华平，发掘面积1530平方米。清理墓葬1座、灰坑8个，出土陶器、瓷器、铜器、铁器、建筑构件等。

5月，秭归县屈原纪念馆承担了秭归何家屋场墓群的发掘，领队刘继东，发掘面积1500平方米。清理墓葬18座，出土瓷器、钱币等。

5月，兴山县文管所承担了兴山古夫墓群的发掘，领队刘继东，发掘面积2075平方米。清理墓葬6座、房址8座、窑坑1座，出土石器、陶器、铜器、铁器等。

6月19日，湖北省移民局《关于预拨三峡库区屈原祠仿古新建工程建设经费的函》（鄂移函〔2007〕050号），预拨屈原祠工程建设专项经费800万元。

6月21日，湖北省移民局《关于安排三峡库区文物保护经费的函》（鄂移函〔2007〕058号），安排三峡库区文物保护项目价差资金200万元用于秭归县凤凰山文物复建区绿化建设项目。

6月，荆门市文物考古研究所承担了秭归向家坪墓群的发掘，领队黄凤春，发掘面积825平方米。清理墓葬15座，出土陶器、瓷器、钱币等。

6月，在地方政府的大力配合下，2007年省文物事业管理局加快了巴东县地面文物复建区环境整治工作力度，复建区内道路、场平等土建工程已基本完成，完善美化了台阶、护栏等防护措施，增添了必要的景观效果，水电和挡土墙工程已相继开展，复建区内环境面貌焕然一新，为早日开放发挥社会和经济效益打下基础。

7月，为更好保护和利用望家祠堂地面复建项目，进一步做好望家祠堂周边环境整治工作，湖北省文物事业管理局委托宜昌市夷陵区文化体育局组织有设计资质的单位对望家祠堂进行现场勘察设计、估算，并编制环境整治方案。

秭归何家屋场墓群

7月，武汉大学承担了巴东东壤口墓地的发掘，领队余西云，发掘面积1500平方米。清理墓葬12座、灰坑1个，出土陶器、瓷器、建筑构件等。

8月9日，湖北省文物事业管理局领导会同屈原祠工程设计及参建各方的负责人检查工地后，召开了现场工作会议，就施工中遇到的问题进行了分析，并讨论解决办法。

8月23日，国务院三峡办资金司处长赵文生、信永中和会计师事务所王玲雁等一行在武汉召开会议，开展三峡工程库区文物保护项目清理试点工作，并听取汇报。

8月，根据国务院三峡办和国家文物局《关于抓紧开展三峡库区文物保护项目清理工作的通知》（国三峡办发规字〔2007〕63号）要求，湖北省文物事业管理局迅速组成专班，集中精力对三峡湖北库区的335处文物保护项目的计划工作量、已完成工作量、剩余工作量，以及包干投资额、已完成投资额进行逐项清理，并委托湖北金地会计师事务有限公司对我省三峡库区1997年1月至2007年8月底期间文物保护项目经费实际拨付情况进行了清理及核对，编制了三峡库区地面、地下文物保护项目明细表（台账），为全面进行三峡湖北库区文物保护工作结项清理核算和剩余资金使用方向的安排做好了准备。

巴东杨家包墓群

巴东文物复建区环境整治检查

屈原祠工程建设

9 月，湖北省文物事业管理局三峡办依据项目档案管理的规范要求，结合三峡工程文物保护工作实际，完成了档案管理系统建设，建立了完善的文字、图纸、相片、影像资料电子信息库，使档案查询工作更加方便快捷，管理更加实用，从而进一步提升了文物保护资料管理工作。

9 月，黄石市博物馆承担了秭归何家屋场墓群的发掘，领队冯少龙，发掘面积 1513 平方米。清理墓葬 4 座，出土石器、陶器、瓷器、骨器等。

10 月 10 日，国务院三峡办委托信永中和会计师事务所对三峡文物保护项目资金进行清理。国务院三峡办资金司处长赵文生、国家文物局文保司张磊率事务所一行 13 人抵汉，开展三峡库区文物保护项目资金清理工作，工作持续时间近一个月。

10 月 18 日，湖北省文物事业管理局在秭归县组织召开了“秭归县迎和门、景贤门复建设计图纸会审会”。参加会议的有设计单位、施工单位、秭归县有关管理部门，会议就复建工程图纸有关问题进行了沟通，达成共识。

10 月，黄石市博物馆承担了巴东杨家包墓群的发掘，领队冯少龙，发掘面积 2005 平方米。清理墓葬 6 座，出土铜器、银器、石器、玻璃、玛瑙、树脂等。

11 月 16 日，国务院三峡办在重庆组织召开“三峡工程文物保护资金审计协调会”。参加会议的有国务院三峡办移民安置规划司司长黄德林、副司长汪晓东、资金司司长雷鸣山、处长赵文生、国家文物局文保司闫亚林、张磊、重庆市文化局副局长王川平、三峡办副主任邵卫东、湖北省文物事业管理局三峡办主任王风竹、李雁、杜杰。会上，信永中和会计师事务所介绍了三峡工程库区文物保护项目资金审计情况，并提出了存在的问题。

12 月 5 日，湖北省文物事业管理局副巡视员吴宏堂、三峡办主任王风竹赴巴东冒雨检查巴东县文物复建区环境整治工作，巴东县副县长向凤英陪同检查。局领导对巴东县前期开展的绿化、场平、道路等工作表示肯定，就南大门等三处配套工程严格按设计施工提出了具体要求，同时，通过和巴东县领导现场办公，确定下一步挡土墙、水电工程等工作安排。

12 月 21 日，为进一步做好三峡工程湖北库区文物保护项目资金管理的工作，湖北省文物事业管理局委托湖北金地会计师事务有限公司对三峡文物保护项目资金账目进行清理。

12 月，湖北省文物事业管理局多次召开屈原祠工程现场会议，针对工地检查中发现的问题，提出严格按图施工，严格监理工作，确保工程质量等要求，并安排专门人员驻场指导、监督，同时组织设计、监理和施工单位现场办公，协调解决施工难题和施工方案的调整等，工程进展基本顺利。

12 月，咸宁市博物馆承担了秭归陶家坡墓群的发掘，领队周国平，发掘面积 3500 平方米。清理墓葬 47 座。

2008 年

1 月 6 日，国务院三峡办领导调研三峡工程 175 米蓄水前经费及存在的问题。会议由湖北省移民局主持，参加会议的有：国务院三峡办副主任卢纯、移民安置规划司司长黄德林、资金司司长雷鸣山、处长赵文生、湖北省移民局局长汪元良、处长梁今辉、马小芹、湖北省文物事业管理局副巡视员吴宏堂、三峡办主任王风竹、长江委综合监理公司张华忠。会议通报了信永中和会计师事务所的审计报告。

1 月 8 日，华中师范大学、武汉数字媒体工程技术有限公司与湖北省文物事业管理局合作的课题“三峡文物大抢救”已近尾声，专家就几经修改的文字和画面进行审核，确定该成果将作为电子出版物进入市场，对三峡工程湖北库区文物保护工作是极好的宣传。

1 月 18 日，北京房修二古代建筑工程有限公司总经理李士芳、项目经理倪原抵汉就屈原祠仿古新建工程建设情况及下一步工作进行汇报。参加会议的有湖北省文化厅副厅长、文物事业管理局局长沈海宁、副巡视员吴宏堂、三峡办主任王风竹等。

2 月 25 日，湖北省文物事业管理局组织湖北省文管会、武汉大学、湖北省文化厅古居民抢救保护中心、武汉市文物考古研究所、巴东县众智建筑设计咨询有限公司的专家对巴东县民族文化园规划方案进行了专家评审，并形成了专家评审意见。

3 月 3 日，北京房修二古代建筑工程有限公司总经理李士芳授权倪原全权负责屈原祠仿古新建工程的施工管理工作。湖北省文物事业管理局要求严格执行合同、严格执行工程监理、严格保证工程质量，确保奥运圣火传递仪式在屈原祠山门前广场如期举行。

3 月 3 日，湖北省文物事业管理局、省移民局召开联席会议，共同研究有关屈原祠仿古新建工程建设经费及剩余经费使用问题。参加会议的有湖北省文化厅副厅长、省文物事业管理局局长沈海宁、副巡视员吴宏堂、三峡办主任王风竹、省移民局局长汪元良、副局长杨德菊、处长梁今辉、马小芹、万德学。

3 月 4 日，湖北省文物事业管理局委托湖北鑫地工程造价咨询公司开展屈原祠仿古新建工程相关施工工程造价跟踪审计工作。

3 月 18 日，湖北省移民局《关于预安排秭归县屈原祠仿古新建工程项目建设经费的函》（鄂峡移函〔2008〕017 号），预拨屈原祠工程建设专项经费 500 万元。

3 月 30 日，湖北省文物事业管理局在秭归召开屈原祠仿古新建工程现场办公会，参加会议的有湖北省文物事业管理局副巡视员吴宏堂、三峡办主任王风竹、省移民局副局长杨德菊、处长梁今辉、秭归县县委书记罗平烺、副县长梅常春。项目施工单位北京房修二古代建筑工程有限公司项目经理倪原、监理单位河南东方文物建筑监理有限公司监理工程师徐浩然。各方就目前的工作进行了沟通并提出解决办法，有力促进了工程建设的进度。

4 月 3 日，湖北省文物事业管理局组织省文管会、省古建筑保护中心、武汉国民政府旧址纪念馆的专家对巴东县复建区后门等配套工程设计方案进行了评审，专家听取了设计单位的汇报，认真审阅了设计文本，形成了评审意见。

4 月 23 日，湖北省移民局《关于预安排秭归县屈原祠仿古新建工程项目建设经费的函》（鄂移函〔2008〕028 号），预拨屈原祠工程建设专项经费 580 万元。

5 月 11 日，湖北省文化厅副厅长、省文物事业管理局局长沈海宁在三峡办主任王风竹、省三峡工程库区文物管理中心副主任李劲陪同下，到秭归检查屈原祠仿古新建工程工地，听取了施工方和监理方的汇报，并就工程管理、地方配合、工地安全等方面做了重要指示。

5 月 23 日，湖北省文物事业管理局委托黄石市市政园林设计研究院承担巴东县地面文物复建区内附属设施的规划设计工作。

5 月 28 日，湖北省文物事业管理局组织省文管会、省三峡工程库区文物管理中心等单位的专家对巴东县文物复建区环境景观工程及挡土墙、水电消防工程进行验收。巴东县文物复建区环境景观工程完善了水磨房、山门、排水沟美化及功能复原等设施的建设，专家亲临施工现场，审阅竣工资料，听取建设单位、监理单位的汇报，在认真评议后形成了竣工验收意见。

5 月 30 日，屈原祠建设工程施工单位完成屈原祠山门建设，奥运火炬传递仪式在屈原祠施工现场前广场如期举行。

6 月 20 日，秭归县屈原纪念馆承担了秭归何家坡遗址的发掘，发掘面积 500 平方米。清理灰坑 2 个、墓葬 3 座，出土陶器、瓷器、铁器和铜器。

6 月，《秭归卜庄河》（上、下）由科学出版社出版，宜昌博物馆卢德佩、王志琦主编。全书内容丰富，图文并茂，重点总结了三峡地区古代文化的发展历程和各阶段的文化特点。

6 月，恩施州博物馆承担了巴东焦家湾墓地的发掘，领队邓辉，发掘面积 200 平方米。清理墓葬 11 座，出土瓷器、铜器、银器、铁器等。

7 月 8 日，国家文物局组织中国文化遗产研究院、北京大学等单位的专家对我省三峡库区四期移民工程文物保护初验工作进行了检查。专家组通过听取汇报、实地检查等，确认我省三峡库区 175 米水位线下涉及的地下文物保护项目 31 处、地面文物保护项目 14 处的保护任务已全面完成，并顺利通过省政府组织的初验。

7 月 16 日，国务院三峡办《关于下达 2008 年湖北省三峡库区文物保护经费计划的通知》（国三峡办发计字〔2008〕55 号），下达我省屈原祠仿古新建工程经费 515.97 万元。

8 月 12 日，湖北省移民局《关于预安排秭归县屈原祠仿古新建工程建设经费的函》（鄂移函〔2008〕058 号），预拨屈原祠工程建设专项经费 500 万元。

9 月 17 日，湖北省文物事业管理局组织秭

巴东文物复建区配套工程验收

《秭归卜庄河》专题报告出版

秭归卜庄河墓群

秭归卜庄河墓群

归县迎合门、景贤门城门楼复建工程竣工验收会，专家组实地勘察，认真审阅竣工资料，通过了该项目的竣工验收，并提出了完善整改意见。至此，三峡湖北库区 41 处地面文物搬迁保护项目已全面完成。地面文物复建工程通过验收后，由省文物事业管理局移交给地方文物管理部门。

9 月，为进一步做好三峡工程湖北库区文物保护工作，更好利用和管理库区珍贵的文化遗产，促进文化产业和旅游经济发展，经国务院三峡办批准，湖北省文物事业管理局在文物保护合理利用和管理结合较好的云南昆明、丽江举办了 " 三峡库区文物建筑展陈设计及利用与管理培训班 "，湖北省文物事业管理局副巡视员吴宏堂、国务院三峡办移民安置规划司处长倪莉、云南省文物局副局长余剑明等出席了培训班开班典礼。来自三峡工程湖北库区、重庆库区及省内有关市县文博单位的 20 余名学员参加了培

四期移民工程文物保护验收

训。培训班邀请国务院三峡办、云南省文物部门和湖北省文物部门的领导以及昆明、丽江等地的有关专家，分别讲授了云南文物保护管理工作、古滇青铜文明的考古发现、博物馆的规划与设计、世界文化遗产丽江古城保护管理、利用工作的经验和教训等课程。在三峡工程文物保护接近尾声之际，适时举办此次培训班，通过认真学习云南的宝贵经验，使库区文物工作者对三峡文化遗产的保护和利用有了新认识，为今后更好地管理和利用三峡文物资源起到很好的借鉴作用。

10 月 2[illegible] 日，屈原祠举行正殿上正脊仪式。

10 月 23 日，屈原祠仿古新建工程基本完成主体结构工程施工。设计单位、地勘设计单位、秭归县质检站相关负责人对屈原祠主体工程进行了初步验收。

11 月 6 日，随着三峡库区 175 米蓄水的顺利推进，三峡文物保护工作已接近尾声，湖北省文物事业管理局为此下发《关于认真做好三峡文物保护项目结项工作的通知》（鄂文物综〔2008〕148 号）。

11 月 28 日，湖北省文物事业管理局组织省文管会研究员胡美洲、华中科技大学建筑与城市规划学院建筑历史教研室主任李纯、黄石市园林古建工程公司项目经理方远霞、河南东

秭归迎合门、景贤门城门楼复建工程竣工验收

三峡库区文物建筑展陈设计及利用与管理培训班

方文物建筑监理有限公司监理师赵富龙、巴东县副县长向凤英、巴东县文体局局长黄在满、书记钟开山、巴东县博物馆馆长向勇等有关单位的专家和领导对巴东县复建区后门、公厕及溪流工程进行了验收。专家亲临文物复建区现场，听取了施工方和监理方对工程建设的汇报，并仔细查看了竣工验收、监理方面的资料。专家认为工程质量符合验收条件，通过该工程验收，并提出有关整改意见。

屈原祠正殿上正脊

巴东文物复建区环境整治验收

望家祠堂环境整治验收

11 月 28 日，湖北省文物事业管理局组织省文管会研究员胡美洲、华中科技大学建筑与城市规划学院建筑历史教研室主任李纯、夷陵区文体局局长曾庆泉、副局长何行斌、夷陵区太平溪镇委书记杨金标、文体中心主任李圣珍、夷陵建筑设计事务所有限责任公司总设计师李仟旺、河南省地矿建设工程有限公司项目经理朱成红、宜昌鑫泰监理公司总经理欧建国等单位专家、领导及施工、监理单位对望家祠堂后高切坡治理等配套工程进行验收。专家亲临文物复建区现场，听取了施工方和监理方对工程建设的汇报，并仔细查看了竣工验收、监理方面的资料。专家认为工程质量符合验收条件，通过该工程验收。

12 月 5 日，湖北省移民局《关于预安排秭归县屈原祠工程建设以及陈列布展经费的函》（鄂移财〔2008〕147 号），预拨屈原祠工程建设专项经费 280 万元。

12 月 10 日，湖北省文物事业管理局组织省社会科学院副院长刘玉堂、武汉大学历史学院教授罗运环、省文管会研究员胡美洲、省博物馆副馆长万全文、武汉市博物馆陈列部主任赵大明、省文物事业管理局博物馆处处长雷鸣等专家召开了屈原祠展览陈列工作座谈会，座

屈原祠展览陈列工作座谈会

谈会上专家听取了屈原祠工程建设情况介绍，并就屈原祠展览陈列工作进行了座谈。会议确定成立专班，尽快拿出展览陈列方案，启动展陈招标工作。会议由省文物事业管理局三峡办主任王风竹主持，参加会议的领导有省文化厅副厅长、省文物事业管理局局长沈海宁、副巡视员吴宏堂、省三峡工程库区文物管理中心副主任李劲、秭归县副县长梅常春、县文化旅游局局长马尚朝、县文物事业管理局副局长望青松、谭家斌等。

12月19日，湖北省文物事业管理局三峡办主任王风竹主持召开“三峡工程湖北库区文物保护项目结项工作会议”，要求各项目承担单位及时按合同规定内容和要求，清理文物保护项目资料和成果的提交情况，逐一进行结项。对地下考古发掘项目，完成合同工作量和提交资料、成果审定合格后，委托中介机构进行工作量和财务收支审计，达到要求的办理结项，达不到结项要求的及时整改，严重的按规定扣拨合同尾款。对地面复建及配套工程建设项目，逐一进行工程竣工验收，验收合格委托中介机构进行结算审计，工程质保期过后，再办理结项。黑龙江省文物考古研究所、天津市文化遗产保护中心、长沙市文物考古研究所、吉林大学、厦门大学、武汉大学、湖北省文物考古研究所、荆州博物馆、宜昌博物馆等项目承担单位的负责人参加了此次会议。

12月24日，湖北省文物事业管理局为做好屈原祠展览陈列工作，专门下发《关于成立秭归县屈原祠展览陈列工作领导小组的通知》（鄂文物综〔2008〕188号）。省文化厅副厅长、省文物事业管理局局长沈海宁为领导小组组长，副组长省文物事业管理局副巡视员吴宏堂、秭归县县长刘晓华，成员有省文物事业管理局三峡办主任王风竹、省博物馆副馆长万全文、秭归县副县长梅常春、省三峡工程库区文物管理中心副主任李劲、秭归县文化旅游局局长马尚朝。

12月，为确保基本完成屈原祠建设工程的

三峡工程湖北库区文物保护项目结项工作会议

年度目标任务，湖北省文物事业管理局、湖北省移民局与秭归县县委、县政府多次召开现场办公会议，要求各参建单位在坚持“三个严格、三个确保”原则的基础上，既要加快施工进度，又要保证工程质量；既要履行相关手续，又要特事特办；既要坚持按合同和图纸施工，又要实事求是。已完成了屈原祠内山门、南北配房、公共卫生间、消防监控室、南北碑廊、南北陈列室、南北厢房、前殿、正殿的主体工程及部分灰塑、脊饰和装饰装修工程。

2009 年

1 月 12 日，湖北省文物事业管理局副巡视员吴宏堂主持召开了屈原祠陈列展览内容策划审查会，组织省文管会研究员胡美洲、省博物馆副馆长万全文、秭归县副县长梅常春、县文化旅游局局长马尚朝、县文物事业管理局副局长望青松、谭家斌等领导和专家就屈原祠展览陈列方案、内容进行了审查，确立了展览陈列内容大纲。委托湖北路港工程招标代理有限公司开展屈原祠展览陈列工程招标工作，网上发布工程招标信息，在全国范围内面向有资质的单位公开招标。

1 月 14 日，湖北省文物事业管理局副巡视员吴宏堂、三峡办主任王风竹约请唐小禾先生商谈屈原祠大殿壁画创作事宜。唐小禾先生表示尽心尽力完成好该作品的构思与创作。

1 月 19 日，湖北省文物事业管理局召开“三峡文物大抢救”课题验收会。从该项目启动至今，承担单位严格认真，片子质量达到较高水平，经过几年打造已具备验收条件。在座领导专家审查课题成果，并提出验收意见。参加会议的有湖北省文化厅副厅长、文物事业管理局局长沈海宁、副巡视员吴宏堂、省文管会研究员胡美洲、省文物考古研究所所长王红星、局三峡办主任王风竹、李雁、华中师范大学校长马敏、副校长黄永林、科研处处长何静及课题组成员等。

1 月 20 日，为弘扬屈原精神，传承屈原文化，丰富屈原祠展览陈列内容，湖北省文物事业管理局与湖北省书法家协会、书法报社商讨屈原

屈原祠陈列展览内容策划审查会

“三峡文物大抢救”课题验收

祠书画征集活动有关事宜，会议就组织机构、操作方式进行了讨论，确定下一步工作方案。

1月，《巴东雷家坪》由科学出版社出版，吉林大学边疆考古研究中心冯恩学和黄石市博物馆蔡维主编，该书分别对巴东雷家坪遗址新石器时代、商周时期、东汉与六朝、唐明清时期的遗迹和遗物做了系统、翔实的梳理，反映了该地区古代文化的基本面貌，为三峡地区考古学文化序列的建立提供了重要的资料。

1月，《巴东李家湾》由科学出版社出版，湖北省文物考古研究所冯小波主编。该书系统介绍了巴东县李家湾遗址2001年的发掘工作。李家湾遗址包含新石器时代文化遗存、周代遗存、汉—六朝遗存、唐宋及明清文化遗存等，其中新石器时代屈家岭文化遗存具有江汉平原典型的屈家岭类型特征，为屈家岭文化分布范围的扩大提供了翔实的证据。同时，在描述石质生产工具时开创性地提出了一套系统的定位、观察、描述的方法。

2月3日，湖北省文物事业管理司与湖北路港工程招标代理有限公司洽谈屈原祠陈列布展工程招标工作事宜。初步定于4月在湖北省综合招投标中心进行公开招标。

《巴东雷家坪》专题报告出版

巴东雷家坪遗址

《巴东李家湾》专题报告出版

屈原祠彩画设计方案评审会

2月4日，湖北省文物事业管理局在武汉组织召开了屈原祠仿古新建工程工作会议。北京房修二古代建筑工程有限公司总经理李士芳、项目经理倪原汇报了屈原祠仿古新建工程有关情况。会议确定严格按合同、图纸施工，按国家相关政策计价，协调各方关系，确保工程质量、工期和安全。参加会议有湖北省文化厅副厅长、省文物事业管理局局长沈海宁、副巡视员吴宏堂、三峡办主任王风竹等。

2月8日，长江委综合监理公司组织召开“三峡文化建设座谈会”。参加会议的有国务院三峡办资金司处长赵文生、移民安置规划司处长倪莉、长江委综合监理公司总经理张华忠、总工赵时华、湖北省文物事业管理局副巡视员吴宏堂、省社会科学院副院长刘玉堂、湖北大学张立明、省文物事业管理局三峡办主任王风竹、省三峡工程库区文物管理中心副主任李劲、省文物事业管理局三峡办李雁。会议围绕三峡文化建设问题、三峡后续工作进行了座谈。

2月12日，湖北省文物事业管理局组织召开“屈原祠仿古新建工程彩画设计方案评审会”。参加会议的有湖北省文物事业管理局副巡视员吴宏堂、省文管会研究员胡美洲、省美术院唐小禾、程犁、省艺术馆馆长傅中望、省文化厅古民居抢救保护中心总工吴晓、秭归县文物事

屈原祠内部装饰评审会实地考察

业管理局余波、省文物事业管理局三峡办主任王风竹、省三峡工程库区文物管理中心副主任李劲、赵耀、省文物事业管理局三峡办李雁、代攀、秭归县文化旅游局局长马尚朝、河南东方文物建筑监理有限公司赵工、北京房修二古代建筑工程有限公司项目经理倪原。专家听取了设计方北京建工建筑设计研究院彩画方案设计情况汇报，并就彩画方案提出了建议。

2月12日，湖北省文物事业管理局与书法报社商讨“屈原杯”国际书法大赛有关事宜，拟订工作方案，明确组委会等相关工作。会议确定主办单位为湖北省文物事业管理局、秭归县人民政府、湖北省书法家协会；承办单位为书法报社、秭归县屈原纪念馆；组委会名单：湖北省文物事业管理局副巡视员吴宏堂、湖北省书协驻会副主席铸公、秭归县副县长梅常春、湖北省文物事业管理局三峡办主任王风竹、书法报社社长舟恒划、秭归县文化旅游局局长马

尚朝。

2月17日，湖北省文化厅党组书记、厅长杜建国在省文物事业管理局副巡视员吴宏堂、秭归县县委书记罗平烺等陪同下，深入三峡工程湖北库区调研文物保护工作，并在秭归凤凰山文物复建区内接受了湖北电视台关于三峡文物保护的专访。杜建国厅长对我省三峡库区采取“集中保护，规模发展”的举措来保护峡江地区优秀文化遗产的做法表示充分肯定，他指出凤凰山文物复建区不仅妥善保护了传统建筑，实施了环境绿化和各项配套工程，而且毗邻三峡大坝，具有明显地理及旅游区位优势，建成开放后将极大地促进当地经济的发展。他强调，湖北在文物保护管理上大胆创新，打破计划管理的模式，率先建立并实施了严格的文物保护项目合同管理制、资质认证制、工程检查验收制和结项审计制等一套管理办法。实践证明，这一行之有效的管理办法，不仅使得三峡文物保护工作取得了突出成绩，同时为南水北调等国家大型工程文物保护工作提供了经验借鉴。他要求，下一步要抓好凤凰山古建筑群的布展陈列工作，要从峡江文化特色上下工夫，要在深入挖掘传统民居建筑文化内涵上动脑筋，不断丰富展览内容和形式，争取早日建成实现对外开放，将文物保护成果惠及民众，同时进一步加快屈原祠工程建设，争取早日竣工并对外开放。

湖北省文化厅厅长杜建国调研三峡文物保护工作

2月20日，湖北省文物事业管理局组织召开三峡工程湖北库区课题中期评审会。参加会议的专家和领导有武汉大学教授陈冰白、省文物考古研究所所长王红星、省文物事业管理局副巡视员吴宏堂、三峡办主任王风竹等。会议听取了课题承担单位的中期工作成果汇报，并就课题研究中存在的问题提出建议。

3月3日，湖北省政府组织召开了“湖北省三峡后续工作规划编制协调小组会议”。湖北省政府副秘书长梅祖思主持会议，省政府副省长汤涛及省直各部门领导出席会议。省文物事业管理局副巡视员吴宏堂、三峡办主任王风竹参加了会议。会议就编制三峡后续工作规划的意义及后续工作所涉及的问题进行座谈，各部门各司其职做好调查研究工作，结合湖北省特点做好三峡后续工作规划编制工作。

4月15日，湖北省副省长田承忠在秭归县县委、县政府领导陪同下视察屈原祠仿古新建工程建设及凤凰山旅游风景区规划情况。

4月21日，屈原祠展览陈列工程在湖北省招投标管理中心开标，雅虹展览装饰工程有限公司、湖北珠江龙装饰设计工程有限公司、武汉鑫金建筑装饰公司等5家单位参加竞标，最终由雅虹展览装饰工程有限公司中标。省文化厅监察处处长吴方才、省文物事业管理局三峡办主任王风竹全程参加了开标工作。

湖北省副省长田承忠视察屈原祠仿古新建工程建设及凤凰山旅游风景区规划情况

4月22日，湖北省文物事业管理局组织召开了“屈原祠安防工程施工设计评审会”，参加会议的专家和领导有：湖北省公安厅刘起富、于万、省文物事业管理局副巡视员吴宏堂、副局长方学富、安全鉴定处处长张少山、三峡办主任王风竹。会议听取了方案编制单位武汉博海安防工程有限公司的汇报，就屈原祠安防设计方案进行了评审，并提出修改完善意见。

4月29日，湖北省文物事业管理局组织召开“屈原祠主体工程竣工验收会议”。参加会议的专家和领导有：省文物事业管理局副巡视员吴宏堂、省文管会研究员胡美洲、孙启康、华中科技大学建筑与城市规划学院副院长李晓峰、省文化厅古民居抢救保护中心总工吴晓、省三峡工程库区文物管理中心副主任李劲、秭归县副县长梅常春、县文化旅游局局长马尚朝等。验收会由省文物事业管理局三峡办主任王风竹主持。专家组亲临工程现场实地考察并听取施工方、监理方对工程建设的工作汇报，审阅有关竣工验收资料，通过验收并形成专家验收意见。

4月，巴东狮子包古建筑群在中国纤夫文化节期间正式对外开放。这一举措不仅使得三峡文物保护成果能够及早惠及民众，同时也使文物资源为地方经济发展发挥积极作用。省委副书记、省长李鸿忠专程考察了狮子包文物复建区和巴东县博物馆。

5月8日，湖北省文物事业管理局组织召开“峡江地区传统聚落与民居保护研究”课题专家审核会议。参加会议的专家和领导有：中南建筑设计院教授级高工高介华、省文管会研究员胡美洲、孙启康、省文化厅古民居抢救保护中心总工吴晓、省文物事业管理局副巡视员吴宏堂等，三峡办主任王风竹主持会议。课题承

巴东地面文物复建区

巴东地面文物复建区

江雾中的巴东民居

湖北省省长李鸿忠视察巴东县博物馆及民族文化公园

担单位华中科技大学民族建筑研究中心李晓峰、李纯就课题进展情况进行了汇报，专家就课题研究的内容及范围提出了建议。

5月20日，湖北省文物事业管理局三峡办主任王风竹主持召开了屈原祠展览陈列方案深化设计论证会，省文管会研究员胡美洲、省博物馆副馆长万全文、武汉市博物馆馆长刘庆平、省博物馆陈列部副研究员邓佳平、秭归县文物事业管理局谭家斌等专家对屈原祠陈列布展工程中标公司雅虹展览装饰工程有限公司的设计方案进行了论证，并形成专家意见。

5月，湖北省文物事业管理局正式委托省内知名艺术家唐小禾、程犁夫妇创作屈原祠大殿内两侧壁画，并陪同两位艺术家到屈原祠大殿

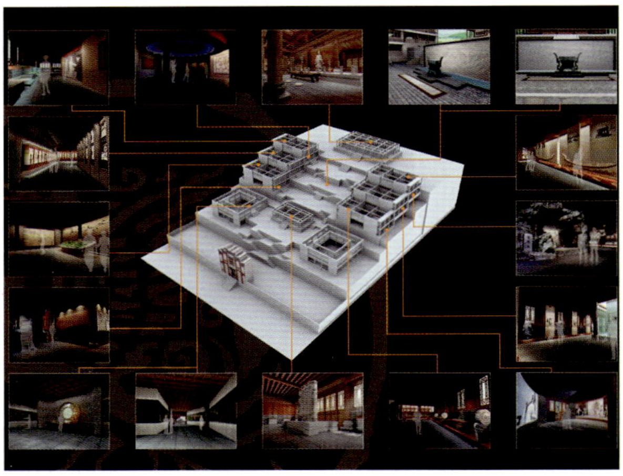

秭归屈原祠陈列效果图

施工现场讨论确定壁画尺寸等事宜。

5月，湖北省文物事业管理局联合省书协、秭归县政府举办了首届“屈原杯”国际书法大赛终评会。本次大赛社会各界踊跃参加，积极投稿，大赛组委会共收到书法作品12000多件，通过评选，最终评出一等奖1件，二等奖5件，三等奖10件，入围作品326件。这批获奖作品将由大赛组委会赠送给屈原纪念馆收藏，并在新建的屈原祠陆续展出。

5月，根据省三峡工程后续工作规划编制领导小组关于编制《三峡工程后续工作规划纲要》的有关精神，湖北省文物事业管理局及时与长江工程监理咨询有限公司联合召开后三峡文化文物资源的开发与利用座谈会，并组织三峡湖北库区各市县召开了三峡工程湖北库区后续文化、文物发展工作座谈会，进一步明确工作思

屈原祠展览陈列方案深化设计论证会

屈原祠壁画设计研讨

首届"屈原杯"国际书法大赛终评会

三峡工程湖北库区后续文化、文物发展工作座谈会

路和重点。同时与南京大学合作，编制三峡湖北库区后续文物发展规划。

6月29日，湖北省移民局《关于预安排三峡库区秭归县屈原祠陈列布展经费的函》（鄂移财峡〔2009〕72号），预安排屈原祠陈列布展经费500万元。

6月，《峡江地区考古学文化的互动与诸要素的适应性研究》由科学出版社出版，南京大学水涛、湖北省文物事业管理局吴宏堂、省移民局郑应发主编。该书是三峡湖北库区文物保护课题研究的第一部成果，该书利用考古发掘的大量新资料，对峡江地区早期文化遗存进行了全景式梳理，对长江中游文化交流问题做了深入比较，并提出了峡江型文化系统的认识。

6月，湖北省文物事业管理局委托华中师范

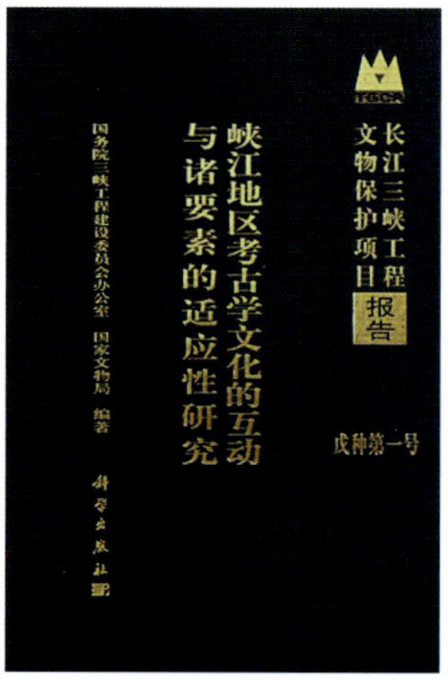

《峡江地区考古学文化的互动与诸要素的适应性研究》
课题成果出版

课题调研

大学进行“三峡库区文物（古建筑）迁建区综合价值评估”课题研究，该课题将调查了解迁建区当前的文物资源状况，掌握其总体情况；评估迁建文物的综合价值，并比较迁建前后文物资源价值的变化情况，分析其变化规律及发展趋势；总结三峡库区文物（古建筑）迁建中所取得的经验和教训，分析其得失；研究文物迁建区文化遗产保护、合理开发及利用的具体对策及建议；对三峡库区（文物建筑）迁建区的土地、建筑等有形资产和旅游价值、文化价值进行系统评估，提出文化开发与文物利用的总体构思。

7 月 4 日，湖北省移民局组织召开三峡后续规划工作会议，湖北省移民局局长汪元良主持会议。国务院三峡办移民安置规划司司长黄德林传达了中央领导的有关精神，从实际出发，科学合理地编制三峡后续规划，彻底解决三峡库区主要矛盾和遗留问题。省文物事业管理局三峡办主任王风竹参加了会议。

三峡文物保护总结性研究课题座谈会

三峡文物保护总结性研究课题座谈会

7月7日，湖北省文物事业管理局在武汉组织召开“三峡后续规划工作会议”，规划编制工作由国务院三峡办直接委托，湖北省以县为基础做好工作，把握重点，做好项目资料。

8月，中国国家博物馆受国务院三峡办委托开展“三峡文物保护总结性研究”课题工作，对配合三峡工程而开展的文物保护工作进行总结研究，湖北省文物事业管理局积极参与课题研究工作，做好三峡湖北库区基础资料的收集和统计，填写有关表格，完成部分章节的撰写。

10月4日，由中国国际工程咨询公司主持的“三峡后续规划评审会议”在武汉召开。省文物事业管理局三峡办主任王风竹、重庆中国三峡博物馆名誉馆长王川平、中国文化遗产研究院研究员乔梁作为评审专家，出席了会议。三峡后续规划由国务院三峡办委托长江委承担，长江委分别委托有关单位进行规划编制后由长江委汇总。专家组就规划进行了讨论评审，规划将根据专家意见进行修改完善。

10月，为向建国六十周年献礼，《峡江遗珍》由文物出版社出版，湖北省文物事业管理局主编。该书从三峡湖北库区文物抢救保护的数万件文物中，遴选出部分具有代表性的珍品，力图通过该书向广泛关注三峡工程文物保护工作的世人，汇报和展示三峡文物保护所取得的

《峡江遗珍》出版

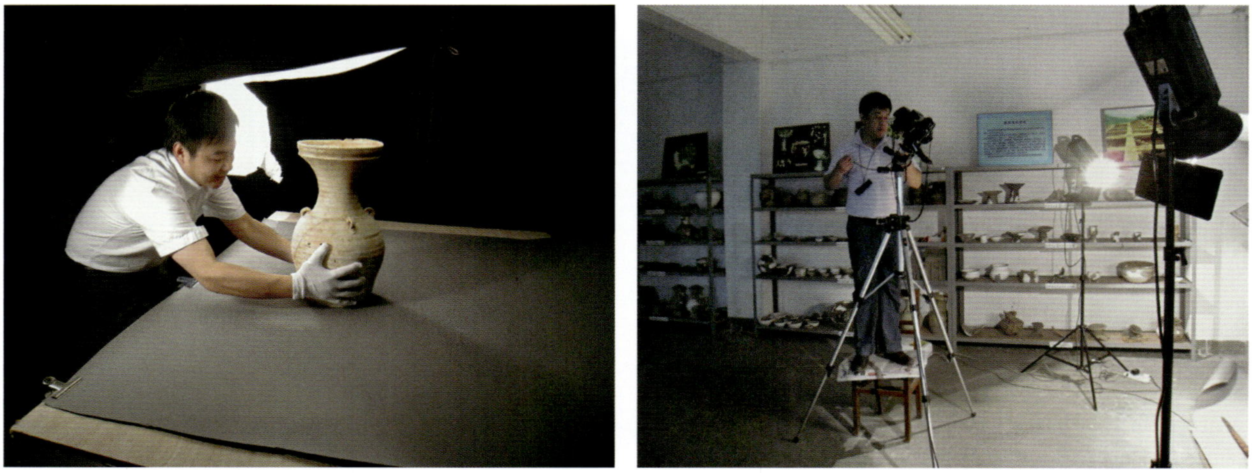

文物拍摄现场

收获和成就。本书的出版得到了国家文物局的大力支持，国家文物局局长单霁翔亲自为本书作序，充分体现了国家文物局对三峡工程文物保护工作的高度重视。

12 月 3 日，国务院三峡办《关于下达 2009 年湖北省三峡库区文物保护经费计划的通知》（国三峡办发计字〔2009〕142 号），下达我省文物保护经费 872.32 万元，其中屈原祠概算内补偿结算资金 202.32 万元，地下文物保护项目结余资金 670 万元。

12 月 15 日，“三峡库区文物（古建筑）迁建区综合价值评估研究”课题进展情况汇报会在华中师范大学召开。华中师范大学副校长黄永林、科研处处长何静、城市与环境学院副院长周勇、龚胜生、省文物事业管理局副巡视员吴宏堂、三峡办主任王风竹、李雁参加了会议。课题组汇报了课题进展情况，该课题运用专业理论、方法和手段在文化价值、经济价值、旅游价值等方面对整个文物迁建区进行了评估，整个研究线路、成果大纲已初步形成，下一步将充实内容、整合资料，争取早日提交研究报告。

12 月 27 日，湖北省文物事业管理局组织省文管会研究员孙启康、省文化厅古民居抢救保护中心研究员吴晓、宜昌市气象局高级工程师汪中平等专家，召开“屈原祠工程防雷工程验收会”。专家组听取宜昌市天地防雷公司秭归分公司经理鲁翠英关于防雷工程施工情况的汇报，并现场检查测试了屈原祠防雷设施，一致认为该工程符合国家有关技术标准，与屈原祠整体效果协调一致，该工程通过验收。省文物事业管理局副巡视员吴宏堂、三峡办主任王风竹、省三峡工程库区文物管理中心副主任李劲、赵耀等参加了验收工作。

12 月 28 日，湖北省文物事业管理局在秭归组织召开了“屈原祠展览陈列方案深化设计专家咨询会”，邀请湖北省文管会研究员孙启康、湖南省汨罗屈原纪念馆原馆长刘石林、宜昌市文联副主席王作栋、三峡大学教授彭卫红及秭归县民俗专家谭家斌就陈列方案的深化设计提出意见，专家组建议屈原祠展览方案设计要在艺术形式和艺术特色上多下工夫，展览内容上要以围绕屈原生平事迹为主，主题上要注重爱国主义思想和忧国忧民思想的体现，同时考虑利用现代科技手段，将屈原故事做成幻影成像，从而进一步增添展览效果。省文物事业管理局三峡办主任王风竹主持会议，副巡视员吴宏堂参加会议并讲话。

12 月，三峡工程竣工后为全面总结三峡文

秭归文物复建区防雷工程验收

三峡湖北库区文物保护工作表彰

物保护工作，宣传文物保护和大型工程建设实现“双赢”及文物保护规范管理等方面的成功经验，省人力资源和社会保障厅、省文化厅、省移民局联合表彰2003年以来在三峡湖北库区文物保护工作中作出突出贡献的先进集体和个人。被评为先进集体的单位：秭归县文化旅游局、恩施州博物馆、荆州博物馆、吉林大学、湖北太岳园林古建工程有限公司；先进个人：厦门大学吴春明、北京建工建筑设计研究院汤羽扬、黄石市园林古建工程公司方远霞、秭归县文物

屈原祠展览陈列方案深化设计专家咨询会

屈原祠展览陈列方案深化设计专家咨询会

秭归屈原祠大殿效果图

事业管理局余波、湖北省文物考古研究所黄文新、鄂州市博物馆徐劲松、咸宁市博物馆袁虹、潜江市博物馆罗正松、宜昌博物馆谭宗菊、襄樊市文物考古研究所王志刚、省三峡工程库区文物管理中心李劲、省移民局马小芹、省文物事业管理局李雁、何凌。

12 月，《三峡考古与巴文化研究》由科学出版社出版，恩施州博物馆朱世学撰写。这是三峡湖北库区课题研究的又一成果，该书利用三峡地区最新的考古成果，采用历史学、考古学、民族学、民俗学、文化人类学等多学科交叉研究的形式，对巴族的历史、政治、经济、文化等各方面进行了阶段性总结。

《三峡考古与巴文化研究》课题成果出版

2010 年

1 月 15 日，湖北省文物事业管理局组织召开了屈原祠建设工程竣工验收会。参加会议的领导：湖北省文化厅副厅长、省文物事业管理局局长沈海宁、副巡视员吴宏堂、三峡办主任王风竹、省三峡工程库区文物管理中心副主任李劲、秭归县副县长梅常春、秭归县文化旅游局局长谭晓华等。专家组成员：国家文物局古建筑专家组组长罗哲文、中国文物信息咨询中心高工王立平、清华大学建筑学院教授吕舟、浙江省古建筑设计研究院院长黄滋、湖北省文管会研究员孙启康、华中科技大学建筑与城市规划学院建筑历史教研室主任李纯、湖北省文化厅古民居抢救保护中心研究员吴晓。专家组先后听取了设计单位、施工单位、监理单位的汇报，实地检查了施工现场和工程施工、监理资料，形成了专家组验收意见。

1 月 16 日，占地 2 万多平方米，总建筑面积 5806 平方米的三峡湖北库区最大的文物保护项目屈原祠建设工程竣工典礼在秭归凤凰山隆重举行。它的落成标志着三峡湖北库区文物保护规划任务全面完成。国家文物局文物保护司司长关强、国家文物局古建专家组组长、中国文物学会名誉会长罗哲文、国务院三峡办移民安置规划司处长倪莉、湖北省文化厅厅长杜建国、副厅长、文物事业管理局局长沈海宁、省

屈原祠建设工程竣工验收

移民局副局长杨德菊及秭归县县委书记罗平煅等有关领导、专家出席竣工典礼并讲话。省直及宜昌市、秭归县文化、文博单位领导、有关专家、新闻媒体及秭归县干部群众和学生代表等 300 余人参加了典礼活动。典礼活动由省文物事业管理局副巡视员吴宏堂主持。三峡办主任王风竹宣读了有关单位的贺信、贺电，屈原祠建设工程竣工验收组组长罗哲文宣读了屈原祠建设工程专家验收意见。

3 月 2 日，湖北省文物事业管理局组织召开了屈原祠大殿壁画设计方案草图评议会。会议由省文物事业管理局三峡办主任王风竹主持，邀请了湖北省美术院院长董继宁、副院长周向林、湖北省社科院副院长刘玉堂、湖北省文管会胡美洲、孙启康、湖北美术学院壁画与综合材料绘画系主任、湖北省美术家协会壁画艺委会主任陈绿寿、武汉理工大学艺术与设计学院院长朱明健、省三峡工程库区文物管理中心副

屈原祠建设工程竣工典礼

屈原祠大殿壁画设计方案草图评议会

主任李劲、秭归县文物事业管理局副局长余波等单位的专家参加会议。会上，唐小禾、程犁夫妇介绍了《屈子远游图》和《端午祭归图》两幅壁画的创作主题和拟用制作材料等情况，专家组对作品进行了评议，并形成会议纪要。

3 月 11 日，湖北省文物事业管理局会同秭归县政府召开了关于加快屈原祠陈列布展工程建设的现场协调会，会议要求参与建设的各单位要识大体、顾大局、同心同德、通力合作，为确保屈原祠端午节对外开放倒排工期，狠抓落实。会议确定的有关内容形成会议纪要下发。参加会议的人员：湖北省文物事业管理局副巡视员吴宏堂、三峡办主任王风竹、省文管会胡美洲、省三峡工程库区文物管理中心副主任李劲、秭归县副县长张志毅、县文化旅游局局长谭晓华、县文物事业管理局副局长余波、谭家斌、雅虹展览装饰工程有限公司经理王普、武汉华胜建筑监理工程有限公司韩汉松、湖北太岳园林古建工程有限公司金扬、黄石市园林古建工程公司方远霞、武汉博海安防工程有限公司朱春玉。

3 月 19 日，湖北省文物事业管理局组织召开屈原祠仿古新建工程结算及审核问题专题会议。会议由省文物事业管理局副巡视员吴宏堂主持，省文化厅副厅长、文物事业管理局局长沈海宁出席会议并做了重要讲话。参加会议的有副局长黎朝斌、三峡办主任王风竹、综合处副调研员余萍、省三峡工程库区文物管理中心副主任李劲、赵耀。会议听取了关于屈原祠建设及资金使用情况的汇报，并就如何加快做好屈原祠结算审核工作进行了认真研究，并形成了会议纪要。

5 月，我国著名艺术家唐小禾、程犁先生为屈原祠大殿专门创作的《屈子远游图》和《端午祭归图》两副精美壁画，完成了设计、制作、

拼接安装。

6 月 11 日，湖北省文物事业管理局组织召开了屈原祠陈列布展工程竣工验收会。验收组专家和领导有：湖北省博物馆副研究员邓佳平、荆州博物馆研究员张万高、中山舰博物馆副馆长刘新阳、宜昌市文化局副调研员王志琦、秭归县屈原纪念馆原馆长梅云来、国务院三峡办移民安置规划司处长倪莉、湖北省移民局副局长杨德菊、省文物事业管理局副巡视员吴宏堂、三峡办主任王风竹、省三峡工程库区文物管理中心副主任李劲、秭归县政府副县长梅常春、县文化旅游局局长谭晓华、县文物事业管理局副局长余波。专家组查看屈原祠陈列布展工程现场，听取了施工方、监理方的汇报，查阅了竣工验收资料。经过认真评议，专家组通过了该工程的竣工验收，并形成竣工验收意见。

6 月 12 日，湖北省文物事业管理局、书法报社和秭归县政府组织了首届“屈原杯”国际

屈原祠大殿壁画《屈子远游图》

屈原祠大殿壁画《端午祭归图》

屈原祠陈列布展工程竣工验收

书法大赛颁奖仪式，来自国内外的参赛作品共12042件。经过初评、复评、终评共评出一等奖1件，二等奖5件，三等奖10件及入选作品326件。这些作品将陆续在屈原祠展出，有力提升了屈原祠陈列布展的内涵。所有入选作品收录于《首届“屈原杯”国际书法大赛作品集》，由湖北长江出版集团、湖北省美术出版社出版。

6月12日，屈原祠于全国第五个文化遗产日期间正式对外开放。建成的屈原祠及凤凰山文物复建区已成为峡江地区一道靓丽的风景线，为文化遗产的保护利用打下了有利基础，在提高三峡地区文化遗产保护成果的社会贡献率方面迈出了可喜的一步。

6月16日，“中国屈原故里端午文化节暨海峡两岸屈原文化论坛”在屈原祠举办。

首届“屈原杯”国际书法大赛颁奖仪式

《首届“屈原杯”国际书法大赛作品集》出版

屈原祠文化遗产日庆典

秭归屈原祠对外开放

中国屈原故里端午文化节暨海峡两岸屈原文化论坛

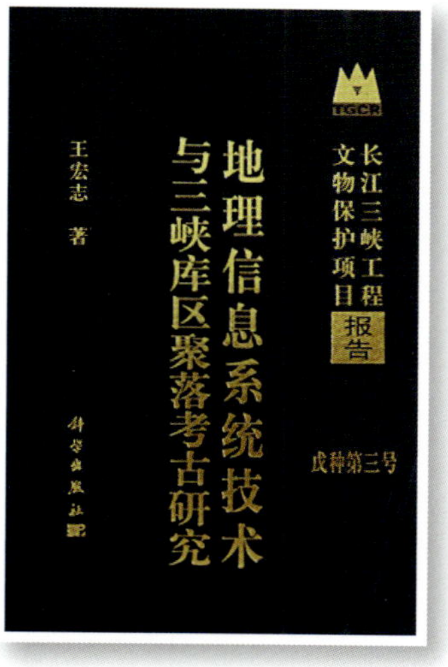

《地理信息系统技术与三峡库区聚落考古研究》
课题成果出版

6月，《地理信息系统技术与三峡库区聚落考古研究》由科学出版社出版，华中师范大学王宏志撰写。该书利用GIS的空间分析技术，研究三峡库区古遗址分布格局随时间的演变特征及历史承继性，是多学科综合性研究的有益尝试。

6月，《湖北库区考古报告集》（第五卷）由科学出版社出版。该书共收录2001–2009年度湖北库区考古发掘简报30篇。

7月7日，湖北省文物事业管理局在秭归县组织召开了屈原墓附属设施及配套工程竣工验收会。参加会议的有湖北省文管会研究员胡美洲、湖北省文化厅古民居抢救保护中心研究员吴晓、荆州博物馆研究员丁家元、湖北省文物事业管理局三峡办主任王风竹、湖北省三峡工程库区文物管理中心副主任李劲等。该项目由湖北太岳园林古建工程有限公司承建，河南东方文物建筑监理有限公司负责工程监理。专家检查了工程建设现场，听取了工程施工单位、监理单位介绍工程建设和监理情况，审核了工程竣工材料，形成了竣工验收专家意见。

7月21日，为全面记录和反映三峡湖北库

巴东红庙岭遗址

区地面文物保护成果，湖北省文物事业管理局委托湖北云端漫步航拍工作室开展秭归县凤凰山古建筑群和巴东县狮子包古建筑群的航拍工作。

7月，《巴东红庙岭》由科学出版社出版，湖北省文物考古研究林邦存主编。该书全面系

《巴东红庙岭》专题报告出版

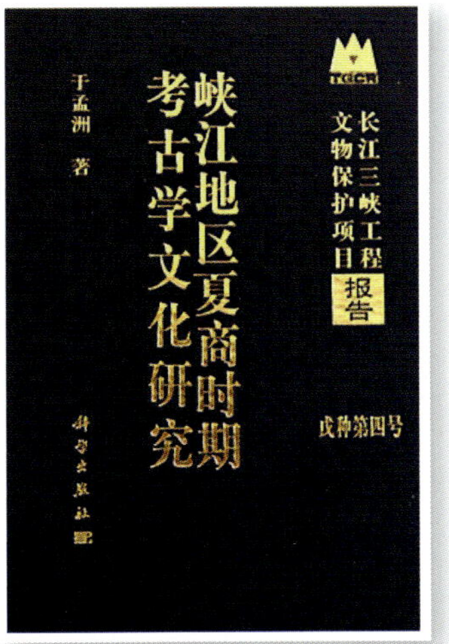

《峡江地区夏商时期考古学文化研究》
课题成果出版

统地介绍了红庙岭遗址大溪文化时期、夏商时期、周代时期、秦、西汉时期的文化遗存，以及东汉至唐宋时期的一批墓葬，为研究三峡地区古代文化和古代巴人文化的来龙去脉提供了一批重要的考古资料。

7月，《峡江地区夏商考古学文化研究》由科学出版社出版，四川大学于孟洲撰写。该书对峡江地区夏商时期考古学遗存的分类与文化归属、分期与年代、分布与文化因素构成等问题进行了细致的分析，并在此基础上探讨了该地区夏商时期的社会经济和族属等问题，对峡江地区内部各类遗存间以及峡江地区与外部的

航拍秭归凤凰山古建筑群

秭归凤凰山古建筑群航拍全景

秭归凤凰山古建筑群航拍入口

秭归凤凰山古建筑群航拍全景

航拍屈原祠

文化交流进行了深入分析。

8 月 29 日，湖北省文物事业管理局委托北京盈创空间文化传播有限公司拍摄三峡文物保护宣传片，摄制组分别在湖北省博物馆、宜昌博物馆、夷陵区望家祠堂、杨家湾老屋、秭归县凤凰山古建筑群、巴东县狮子包古建筑群等地取景拍摄。

8 月，《三峡湖北库区墓葬初步研究》由科学出版社出版，恩施州博物馆朱世学和黄石市博物馆周百灵撰写。该书详细介绍了三峡湖北库区不同类型的墓葬，不仅可以研究不同时期的埋葬习俗、埋葬制度、社会组织形态、社会结构和人种学诸方面的问题，还可以为研究不同朝代的政治、军事、思想、文化、艺术、建筑、医学、科技、习俗、宗教等重大问题提供极具价值的实证资料。

拍摄三峡文物保护宣传片

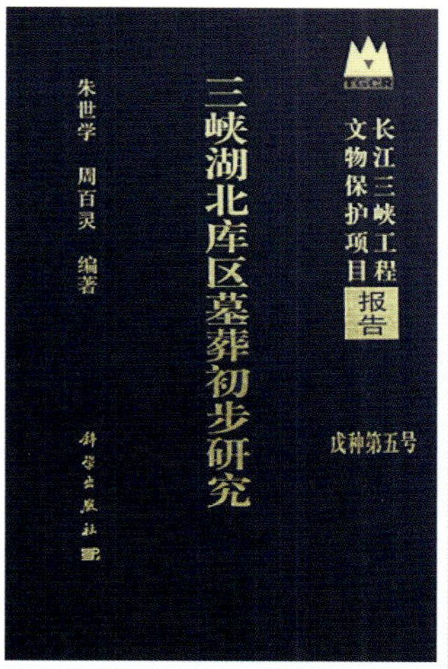

《三峡湖北库区墓葬初步研究》课题成果出版

11月24–27日，由中国考古学会主办、湖北省文物考古研究所和湖北省博物馆承办、湖北省文物事业管理局和重庆市文物局协办的“中国考古学会第十三次年会——三峡考古发现与研究暨纪念夏鼐先生诞辰100周年”在武汉东湖宾馆召开。来自国内考古学界的专家学者共130余人出席了研讨会。会议开幕式由中国社会科学院考古研究所所长、中国考古学会副理事长王巍研究员主持，中国考古学会理事长张忠培、湖北省省委常委、宣传部长尹汉宁、国家文物局副局长童明康分别致辞。三峡地区考古发现与研究是本次年会的主要议题，收到相关论文及摘要60余篇，内容涉及三峡地区考古发现与研究的各个方面。此次年会既突出了三峡考古这一中心议题，体现了近年来三峡考古及研究取得的重要进步与成就，同时又反映了考古学界最新的发掘收获与研究成果。与会学者以三峡地区考古为重点对考古学的诸多问题展开认真研讨，会议讨论气氛热烈，收获颇丰。

11月，《守望大三峡——三峡工程文物保护与管理》一书由文物出版社出版，湖北省文

“中国考古学会第十三次年会——三峡考古发现与研究暨纪念夏鼐先生诞辰100周年”在武汉东湖宾馆召开

“中国考古学会第十三次年会——三峡考古发现与研究暨纪念夏鼐先生诞辰100周年”在武汉东湖宾馆召开

物事业管理局副巡视员吴宏堂、文物处处长、三峡办主任王风竹撰写。作为三峡工程文物保护的参与者、组织者和实践者，作者用饱含感情的笔墨记录了三峡文物保护丰厚的成果和丰富的管理经验。

《守望大三峡》出版

12月，《峡江地区古代族群互动与文化变迁》由科学出版社出版，中山大学郭立新、夏寒撰写。三峡地区自古就成为中国腹地最著名的交通要道以及族群迁徙和文化传播的重要通道。史前时期长江中游与上游两大文化区在此碰撞，历史时期中原文化与南蛮百濮文化在此交流融合，各族群在此留下了他们的足迹或影响，各种势力在这一交通要道上东进西渐，此消彼长。同时，富有特色的峡江文化也在不断形成之中。

12月，《湖北库区考古报告集》（第六卷）由科学出版社出版，共收录2001–2009年度湖北库区发掘简报33篇。

《峡江地区古代族群互动与文化变迁》课题成果出版

12月，《巴史——以三峡考古为证》由科学出版社出版，武汉大学余西云撰写。该书在全面梳理三峡地区先秦时期考古资料的基础上，建立起这一地区的时空框架；然后以谱系理论为基础，建立起三峡地区的文化发展过程。重点讨论了族群认同理论、以巴人为核心的三峡及周边地区古代族群的识别、不同族群之间的互动，初步探讨了三峡地区的社会发展阶段性。该书着重探索了考古遗存作为内证系统所具备的写史功能，对学术界以往的巴史研究成果进

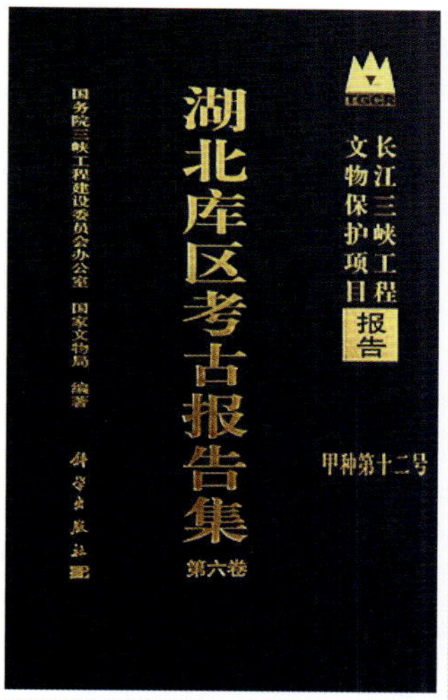

《湖北库区考古报告集》（第六卷）出版

《巴史——以三峡考古为证》课题成果出版

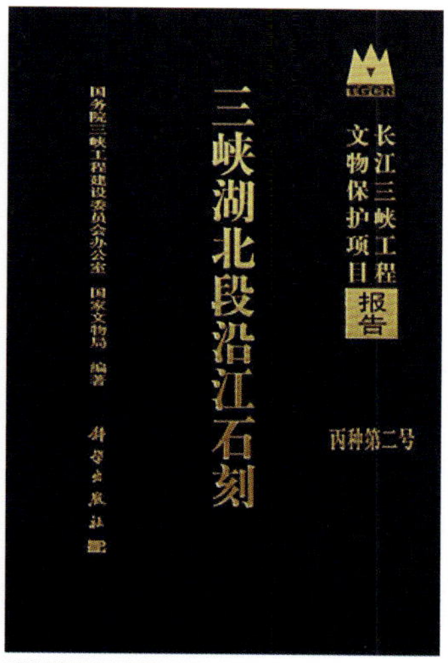

《三峡湖北段沿江石刻》出版

《秭归陶家坡》专题报告出版

《秭归东门头》专题报告出版

行了回应与整合。

12 月，《三峡湖北段沿江石刻》由科学出版社出版，王风竹、胡家喜主编。该书全面系统地收录了湖北省文物保护工作者在三峡工程地面文物保护工作过程中，对湖北段沿江石刻保护和研究的初步成果。

12 月，《秭归陶家坡》由科学出版社出版，咸宁市博物馆黄大建、袁虹主编。该书全面系统地介绍了湖北省秭归县陶家坡墓群 2004–2007 年发掘成果。

12 月，《秭归东门头》由科学出版社出版，湖北省文物考古研究所孟华平主编。该书全面系统地介绍了湖北省秭归县东门头遗址 1997–2002 年考古发掘成果，揭示了东门头遗址新石器时代、商周、汉唐、宋元明清等不同时期的文化面貌与特点，内容涉及考古学、历史学、人类学、生物学、建筑学等学科。其中宋元时期的城墙、城门、道路、房址、排水沟等遗迹保存较好，出土遗物丰富，是研究三峡地区县治变迁、城市规划、建筑艺术及社会风貌等方面的重要实物资料。

2011年

4月初，湖北省文物局组织开展前期资料清理准备工作，并进行投资计划、资金、项目、合同等方面的清理核对，扎实有序推进三峡工程湖北库区文物保护项目资金财务总决算工作。截至目前，湖北省已全面完成了三峡文物保护项目工作，完成投资19632.64万元，其中地下考古发掘项目经费8917.5万元，地面文物保护项目经费4718.29万元，屈原祠建设工程及陈列布展经费5996.85万元。

6月，秭归县屈原纪念馆承担了秭归莲花墓地、屈原祠墓地、水府庙墓地的发掘，历时84天，共完成勘探面积20000平方米，发掘10米×10米探方21个，发掘面积（包括扩方）2208平方米。目前田野考古发掘工作已完成，进入后期室内资料整理和文物修复工作。

三峡文物保护项目包干任务剩余资金复核工作会议

三峡库区文物保护部分结算剩余资金项目咨询会

消落区抢救性考古发掘工作

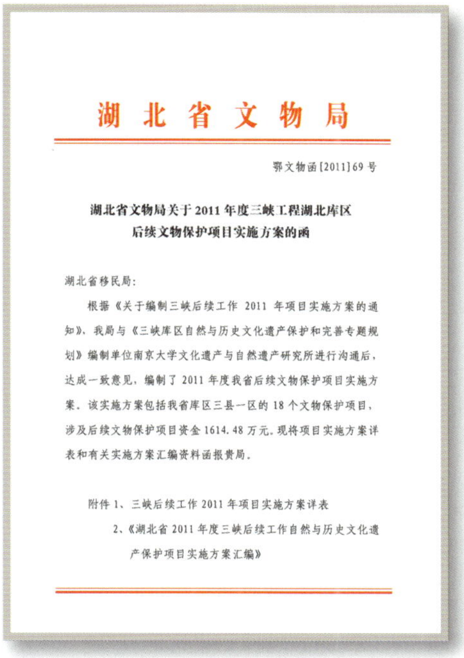

湖北省文物局

鄂文物函[2011]69号

湖北省文物局关于2011年度三峡工程湖北库区
后续文物保护项目实施方案的函

湖北省移民局：

根据《关于编制三峡后续工作 2011 年项目实施方案的通知》，我局与《三峡库区自然与历史文化遗产保护和完善专题规划》编制单位南京大学文化遗产与自然遗产研究所进行沟通后，达成一致意见，编制了 2011 年度我省后续文物保护项目实施方案。该实施方案包括我省库区三县一区的 18 个文物保护项目，涉及后续文物保护项目资金 1614.48 万元。现将项目实施方案详表和有关实施方案汇编资料函报贵局。

附件 1、三峡后续工作 2011 年项目实施方案详表
2、《湖北省 2011 年度三峡后续工作自然与历史文化遗产保护项目实施方案汇编》

湖北省 2011 年度三峡后续工作
自然与历史文化遗产保护项目实施方案汇编

湖北省文物局

二〇一一年十一月

2011年度湖北省后续文物保护项目上报文件

7月，宜昌博物馆承担了秭归东进门墓群的发掘，清理11座墓葬，是三峡库区消落带的一处重要墓群。该墓群所发现的文化层堆积早至东周时期，一直延续至明清时期，时代跨度长，出土文物比较丰富，为建立三峡地区的文化谱系和研究三峡地区古代人们的生产、生活提供了实物资料。

9月1日，湖北省文物局与省移民局向国务院三峡办联合上报《2011年度三峡工程湖北库区后续文物保护项目计划的请示》（鄂移〔2011〕179号），后根据“三峡后续规划文物保护工作座谈会”要求，湖北省文物局与《三峡库区自然与历史文化遗产保护和完善专题规划》编制单位南京大学文化与自然遗产研究所进行沟通后，达成一致意见，对湖北省上报的有关项目计划进行了调整。编制上报了2011年度湖北省后续文物保护项目实施方案，包括库区三县一区的18个文物保护项目，涉及后续文物保护项目资金1614.48万元。

2012年

2012年初，为了切实做好三峡后续湖北自然与历史文化遗产保护实施工作，湖北省文物局组织相关部门进行2012年度项目实施方案编制工作，该方案涉及18个文物保护项目，保护项目资金2778.92万元，并通过了专家评审。

3月，根据湖北省移民局《关于转发国务院三峡建委做好三峡工程移民资金决算审计整改工作要求的通知》（鄂移〔2012〕81号）的要求，湖北省文物局进行三峡工程湖北库区文物保护项目资金整改工作，并下发《省文物局关于做好三峡专账清理整改工作的通知》（鄂文物综〔2012〕43号），通知相关单位做好三峡专账清理整改工作。

4月21–30日，受国务院三峡办委托，湖北省文物局在江苏扬州举办了“三峡工程后续文物保护工程管理培训班”。来自湖北、重庆库区和我省有关市县文物局、博物馆专业人员30余人参加了此次培训。培训班专门邀请有关专家做了《三峡后续考古工作的若干问题》、《湖北省三峡后续自然与历史文化遗产保护和完善实施规划编制情况》等专题讲座。培训开阔了视野、增长了见闻、启迪了智慧、拓展了思维，为随之开展的三峡湖北库区后续自然与历史文化遗产保护工作奠定了人才基础。

7月，受湖北省三峡工程后续工作领导小组办公室的委托，长江委承担了湖北省三峡后续工作实施规划（2011–2014）编制工作，长江勘测规划设计研究有限责任公司为技术总牵头单位。根据省三峡后续办《关于委托编制三峡后续工作实施规划的函》（鄂三峡后续办函〔2012〕3号）安排，由南京大学文化与自然遗产研究所承担湖北省三峡后续自然与历史文化遗产保护和完善实施规划（2011–2014）编制工作。

9月，湖北省移民局、省发改委组织召开了“湖北省2012年度三峡后续工作规划工程建设类项目可研初设评估会”。我省15个自然与历史文化遗产保护项目通过评估后，上报国务院三峡办。

2012年度湖北省三峡后续文物保护项目评审会

三峡工程后续文物保护工程管理培训班

湖北省 2012 年度三峡后续工作规划工程建设类项目可研初设评估会

10 月 22 日，湖北省人民政府第 113 次常务会议审议通过了《湖北省三峡库区后续工作实施规划（2011–2014）》。根据《湖北省三峡库区后续工作实施规划（2011–2014）》，湖北库区自然与历史文化遗产保护和完善规划一期实施项目 38 个，实施规划计列补助投资 11429 万元，占总规补助投资的 55.7%。

12 月，国务院三峡办对我省 2012 年度项目实施方案进行了批复，财政部下达了 2012 年度三峡后续工作专项资金，涉及自然文化遗产保护项目 10 个，资金 2074 万元。

2013 年

3 月 25 日，根据湖北省三峡工程后续工作领导小组办公室《关于转发国务院三峡办〈2013 年度三峡后续工作规划实施指导意见〉的通知》（鄂三峡后续办〔2013〕1 号），湖北省文物局与省移民局联合下发了《关于做好三峡后续自然与历史文化遗产保护项目申报工作的通知》（鄂文物文〔2013〕56 号），对今年申报的工作提出了明确的要求。

3 月 25 日，湖北省文物局与省移民局共同下发《关于确定三峡后续自然与历史文化遗产保护项目（2011-2012）承担单位的通知》（鄂文物文〔2013〕57 号），要求各项目承担单位积极组织项目的实施。

3 月，湖北省文物局组织文物专家进行了评审，各申报单位根据专家意见进行了修改。修改后的项目经过了省移民局、省发改委委托的中介机构长江工程监理咨询有限公司的评估，并出具了评估意见。之后又由省移民局、财政厅组织进行了三峡后续工作项目实施方案审查。经过多次审核之后，确定了 2013 年申报三峡后续自然与历史文化遗产保护项目 14 个，涉及专项资金 6148 万元。

后续项目实施情况

后续项目实施情况

10月8日，国务院三峡办《关于湖北省三峡后续工作2013年项目实施方案的批复（第一批）》（国三峡办发计字〔2013〕31号），批复我省三峡后续自然与历史文化遗产保护项目9处，其中物质文化遗产保护项目1处，消落区地下文物保护项目2处，非物质文化遗产保护项目1处，文化生态保护区项目1处，文物征集及三峡移民纪念馆支持项目3处，续建项目1处。按照已批复的项目实施方案，省移民局、财政厅将编制专项资金方案报财政部、国务院三峡办审批。

10月22日，国务院三峡办移民安置规划司牵头，组织中国国家博物馆、中国文化遗产研究院、长江委设计院、长江工程监理咨询有限公司、三峡办移民管理咨询中心等参与三峡后续自然与历史文化遗产规划的主要同志和专家组成联合调研组，赴三峡库区兴山县进行了专题调研。调研主要内容一是调研检查三峡后续规划2011、2012年度自然与历史文化遗产保护计划项目实施情况，二是听取三峡后续工作自然与历史文化遗产保护规划优化完善的有关意见。调研组在兴山县与县政府及有关部门进行了座谈讨论，现场检查了项目实施情况，查阅了有关项目资料。在此次检查调研工作中发现的问题，国务院三峡办移民安置规划司及有关专家都提出了整改意见与建议。

10月29日，由国务院三峡办、国家文物局、湖北省人民政府、重庆市人民政府主办的“三

2013年项目评审

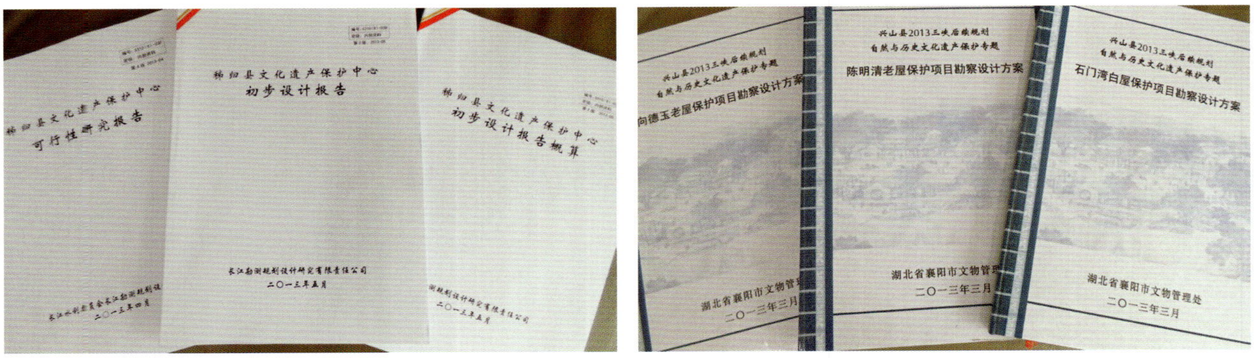

*2013*年项目申报

秭归县文化遗产保护中心效果图

检查调研非遗档案建设

检查调研

检查调研座谈会

峡文物保护成果展”在重庆中国三峡博物馆开展，国务院三峡办领导及来自全国各地参与三峡文物抢救保护的专家及观众参加了开展仪式并观展。此次展览精选了重庆、湖北两地的573件（套）精品文物集中展出。伴随着举世瞩目的长江三峡水利枢纽工程胜利竣工，鄂、渝两地完成了我国最大规模的一次文物保护系统工程——三峡文物保护工程，开启了我国考古学、建筑学、地质勘探学等多学科相结合的文物保护先河，留下了弥足珍贵的工作经验和丰硕的文物保护成果。

三峡文物保护成果展

“三峡文物保护成果展”座谈会

2014年

4月，湖北省文物局专门下发《关于加快三峡后续自然与历史文化遗产保护项目实施进度的通知》（鄂文物发〔2014〕13号）。对已批复下达经费的项目提出了加快实施进度和规范管理的要求。

5月，湖北省文物局组织三峡库区各区县完成了《2014年湖北省三峡后续自然与历史文化遗产保护项目实施方案》的审核，涉及三峡后续自然与历史文化遗产保护项目6处，三峡后续资金4870万元，并报省移民局、省财政厅。

7月，三峡库区文物保护项目档案（地下项目原始记录、地面项目勘察、设计图纸、施工、监理等相关资料）移交宜昌博物馆，并进行进一步整理和数字化管理。目前已收集整理三峡库区地下文物保护项目档案资料2353盒、15294件，照片档案488册；地面文物保护项目档案资料总计844件，各类勘察、设计图纸累计6061张，照片档案89册；监理档案资料60册，项目竣工验收档案73册。

10月，按照国家文物局下发的《关于印发〈三峡工程文物保护专项验收工作大纲〉等文件的通知》（文物保函〔2014〕559号）要求，湖北省文物局成立了湖北省长江三峡工程文物保护专项验收组。

初验专家组按照各区县项目总量不低于30%的比例对文物保护项目进行抽样后，采取“听、查、看、评”的办法进行初验工作。“听”主要是听取情况汇报和有关项目承担单位及秭归县屈原纪念馆、巴东县博物馆等地方协作单位的情况汇报，通过一般工作人员了解有关项目的实际工作情况。“查”主要是审查文物保护初验报告、室内项目档案的抽样检查，检查基本档案资料的上交和管理情况，核实各抽样项目工作量和抽样项目总工作量完成情况。“看”主要是初验组对抽样检查的复建项目实地察看，

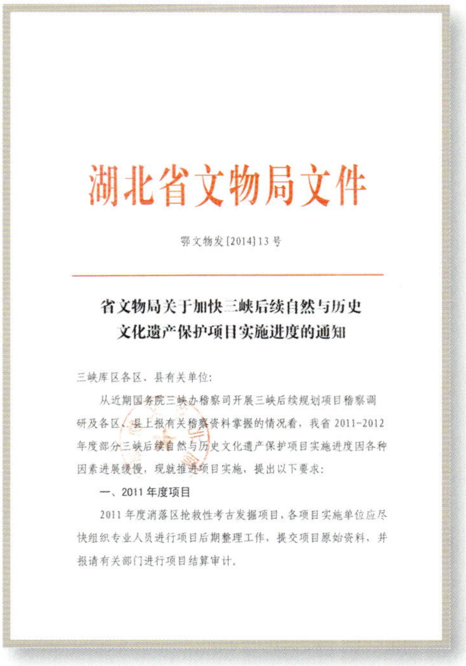

湖北省文物局文件

鄂文物发〔2014〕13号

省文物局关于加快三峡后续自然与历史文化遗产保护项目实施进度的通知

三峡库区各区、县有关单位：

从近期国务院三峡办稽察司开展三峡后续规划项目稽察调研及各区、县上报有关稽察资料掌握的情况看，我省2011-2012年度部分三峡后续自然与历史文化遗产保护项目实施进度因各种因素进展缓慢，现就推进项目实施，提出以下要求：

一、2011年度项目

2011年度消落区抢救性考古发掘项目，各项目实施单位应尽快组织专业人员进行项目后期整理工作，提交项目原始资料，并报请有关部门进行项目结算审计。

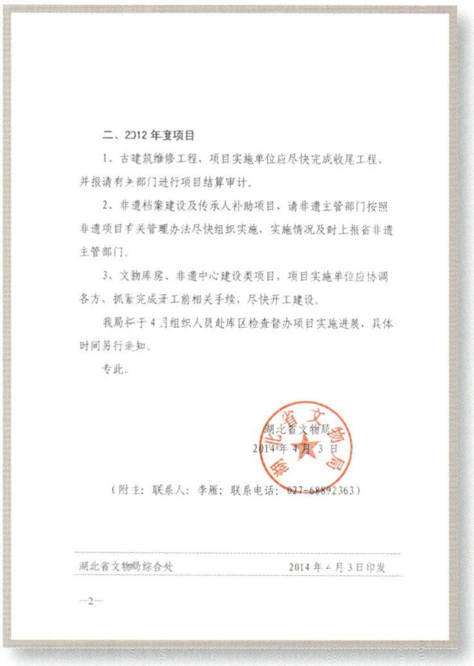

二、2012年度项目

1、古建筑维修工程，项目实施单位应尽快完成收尾工程，并报请有关部门进行项目结算审计。

2、非遗档案建设及传承人补助项目，请非遗主管部门按照非遗项目有关管理办法尽快组织实施，实施情况及时上报省非遗主管部门。

3、文物库房、非遗中心建设类项目，项目实施单位应协调各方，抓紧完成开工前相关手续，尽快开工建设。

我局拟于4月组织人员赴库区检查督办项目实施进展，具体时间另行通知。

专此。

湖北省文物局
2014年4月3日

（附注：联系人：李雁；联系电话：027-68892363）

湖北省文物局综合处　　2014年4月3日印发

—2—

《关于加快三峡后续自然与历史文化遗产保护项目实施进度的通知》

三峡文物保护项目档案室

三峡文物保护项目档案移交工作

湖北省长江三峡工程文物保护专项初验审核会

湖北省长江三峡工程文物保护专项
初验检查巴东县文物复建区

察看文物建筑的复原现状、建筑工艺、文物安全、开发利用等方面的情况。“评”是通过检查，验收专家根据项目完成情况和评分标准进行打分并组织召开专家评审会，形成专家验收意见。

通过对湖北省长江三峡工程文物保护专项初验的检查，专家验收组认为：长江三峡工程文物保护专项任务全面完成，文物保护工作总体评定为合格。

目前，初验报告已经省政府审定，并报国家文物局长江三峡工程文物保护专项验收工作组。下一步，国家文物局长江三峡工程文物保护专项验收工作组将对我省长江三峡工程文物保护专项工作组织终验。

2011-2014 年度，国务院三峡办共批复我省三峡库区自然与历史文化遗产保护项目 27 个，财政部拨付三峡后续工作专项补助资金 6620 万元。截至目前，已完工 2 项，在建 18 项，未开工 7 项。

三峡后续项目进展情况

2015 年

3 月 3 日，国家文物局在北京组织召开三峡工程文物保护专项验收终验工作启动会。会上，湖北省文物局、重庆市文物局汇报了初验工作情况；国家文物局通报了终验方案；国家文物局副局长童明康做了《精心组织、规范要求、良好协作，认真做好三峡工程文物保护专项验收工作》的讲话。会议由国家文物局文物保护与考古司司长关强主持，参加会议的有终验专家组成员、两省市文物局领导。

3 月 15–17 日，国家文物局组织对我省进行了长江三峡工程文物保护专项技术性终验。专家组一行赴我省库区实地检查了文物复建区、文物库房、三峡项目档案室，并在宜昌召开了长江三峡工程文物保护专项技术性终验总结会，专家组就技术性终验进行总结。会议由国家文物局文物保护与考古司副司长唐炜主持，参加会议的有技术性终验专家组成员：中国社会科学院考古研究所研究员徐光冀（组长）、中国文化遗产研究院研究员付清远、乔梁、湖北省文物局原副巡视员吴宏堂、重庆中国三峡博物馆名誉馆长、研究员王川平、湖北省文物考古研究所研究员陈振裕、重庆中国三峡博物馆研究员刘豫川。两省市文物局、移民局的领导也参加了会议。

4 月 15–16 日，根据《国家文物局关于印发〈三峡工程文物保护专项验收工作大纲〉等文件的通知》（文物保函〔2014〕559 号），在顺利完成长江三峡工程文物保护专项技术性终验后，国家文物局副局长童明康带领长江三峡工程文物保护专项行政性终验领导小组，对我省长江三峡工程文物保护专项进行了行政性终验。

童局长对湖北三峡工程文物保护工作给予了充分肯定，他指出：湖北省在三峡文物保护

长江三峡工程文物保护专项技术性终验总结会

长江三峡工程文物保护专项技术性终验

过程中创新实施了一套有效的管理办法，规范管理成绩显著。湖北库区三峡考古报告、简报都已及时出版、刊布，在工程实施过程中，组织开展了三峡古代墓葬制度、聚落形态等科研课题的研究，有力推进了相关学术研究的发展，在整个三峡文物保护工作中处于领先地位；特别值得肯定的是秭归县屈原祠、凤凰山古建筑群的搬迁保护工程与自然山水融合得非常好，正确的保护和规划理念与高超的工艺技术完美结合，堪称当代文物保护工程的精品，是文化遗产保护的典范。

比次行政性终验为持续 20 多年的三峡工程文物保护工作画上了一个圆满的句号，并为后续保护开启了新的篇章。

长江三峡工程文物保护专项行政性终验总结会

长江三峡工程文物保护专项终验组实地检查宜昌博物馆

长江三峡工程文物保护专项终验组实地检查秭归县屈原祠

11月13日，湖北省三峡移民工程竣工验收委员会在宜昌召开《长江三峡枢纽工程竣工验收坝区征地移民安置初验报告》审查会。此次会议完成了坝区验收初验报告的审查工作。参加会议的有省移民局、省文物局、宜昌市坝区工委、三峡枢纽管理局、长江工程监理咨询有限公司的领导和专家。

《长江三峡枢纽工程竣工验收坝区征地移民安置初验报告》审查会

后记

POSTSCRIPT

在三峡工程建设期文物保护工程圆满完成之际，湖北省文物局组织编写了《三峡工程湖北文物保护纪事》一书，力图向广泛关注三峡工程文物保护工作的各界人士，展现三峡工程建设期间文物保护工作的重要历程及收获和成就。

历时多年的三峡工程文物保护工作，通过广大文物工作者的共同努力，三峡地区的文化遗产得到了系统的保护和传承。本书选录1984–2015年三峡工程湖北库区文物保护工作中发生的重大事件，涉及地下考古发掘、地面文物保护、项目工程管理、行政事务管理等各个方面，内容全面、翔实，力求真实再现三峡工程建设期间文物保护工作的历史及文物保护工作者为之付出的努力。

《三峡工程湖北文物保护纪事》一书图文并茂，很多事件和照片来自文物保护工作亲历者的原始记录，倾注了文物保护工作者的心血；也来自湖北省文物局三峡办工作人员平时对资料收集的重视，体现了文物保护工作者的历史使命感及责任担当。由于三峡文物保护工作年代跨度较大，涉及面广，本书编写过程中难免存在缺漏不当之处，恳请批评指正！

本书出版得到湖北省文化厅厅长雷文洁、湖北省文物局局长黎朝斌、副局长王风竹等领导的高度重视及悉心指导。湖北省文化厅原副厅长、湖北省文物局原局长胡美洲、湖北省文物局原副巡视员吴宏堂、湖北省文物考古研究所原所长陈振裕对本书提出了宝贵的修改意见。在此一并表示衷心感谢！

李　雁

2017年6月1日

（K-2639.01）
ISBN 978-7-03-053714-0
9 787030 537140 >
定 价：258.00元